戦略思考のしくみ

How to Create a Business Strategy

杉田英樹　Sugita hideki

萌書房　Kizasu Shobo

目次

第Ⅱ部　マーケティング思考

第Ⅲ部　戦略思考

第7章　希望はどのように語りうるか

戦略思考のしくみ

.

はじめに

戦略・思考・しくみ

戦略とは、活動のおおよその方針です。たとえば、国家の経済的な成長のためにおおよそどんなことをやるべきか。それは「国家の成長戦略」と呼ばれます。細かな業務計画やTODOリストではなく、長期的でおおまかな行動の指針が戦略です。ビジネス分野では、経営戦略、事業戦略、営業戦略、人事戦略など、いろいろな言葉につなげて使われています。

本書のタイトルは、戦略に「思考」という言葉を添えています。思考は、「思う」と「考える」という言葉の組み合わせです。「思う」とは、なにかのアイデアやイメージなどを心に浮かべること。「考える」は、思い浮かべた複数のことを、目的に照らし合わせて比較検討すること。私たちは偶発的にアイデアを思いついたり、いくつかのアイデアを比較したりすることを組み合わせて、日々「思考」しています。

したがって、戦略を思考するとは、長期的な方針について、あれやこれや思いついたり、考えたりすることです。本書は、ビジネスにおける戦略を構成する要素、考える手順、要素間の矛盾、陥りやすい罠などを「戦略思考のしくみ」と称し、その全体像を解説したものです。

戦略はプレゼンテーションではない

決算発表会などで、会社の戦略を経営トップ自らが発表する。

そんなシーンをよく目にするようになったのは、黒いハイネックセーターを着たアップル社の故スティーブ・ジョブズ氏からでしょうか。カジュアルな服装でインカムをつけて、ステージを歩き回りながら説明する。自信に満ちた堂々とした態度で、よく練られたシナリオをカラフルな映像とともに語られる戦略。分かりやすく、かつ楽しく伝えることで、関係者の活動意欲を引き出します。もはや戦略発表は、企業の力を示す一大イベントであり、聞き手の興奮をかきたてる一種のエンターテイメントといってよいかもしれません。

　しかし、プレゼンテーションに臨むトップは、常に自信満々というわけではありません。むしろ、自信ありげな顔の裏側には、想定外の環境変化が今このときにも起こらないか、戦々恐々とした思いが隠れているはずです。さまざまな試行錯誤の過程を思い返し、今ここで語っているストーリーは、ある環境想定における１つの仮説にすぎないことをだれよりも分かっています。

　実際、語られた戦略がその通り実現することはほとんどありません。結果として目標を達成したとしても、その過程では想定外のことが次々と起こり、その場その場での判断が必要だったはずです。ビジネスの舵取りには臨機応変な判断、機動的な行動が必要です。戦略を深く検討してきたからこそ、想定していた環境からの変化を敏感に感じ取り、一旦は捨てたアイデアを復活させたり、アイデアを再編集したりすることが可能になります。戦略は、想定外の危機に陥ったとき、あるいは予期せぬ商機に出会ったときに、すばやく柔軟に判断できるようにするための準備でもあるのです。

　私たちは、できあがったプレゼンテーションを見慣れているが

〈図0.1　戦略思考の基本フレーム〉

①どの程度の成果を
目指すか
ー戦略目標
の設定

②どの需要を狙うか
ーターゲット需要
の選定

③どのようにその需要を
獲得するか
ー競争優位
の創出

ゆえに、戦略を整然と示された「作品」としてとらえがちです。しかし、このように考えると、戦略の実体は常に書き換えられる可能性のある、さまざまな情報や仮説が一体となった「戦略思考そのもの」ということが分かるでしょう。戦略は、ひと時のプレゼンテーションの中にあるものではなく、リーダーの頭の中に常駐しているものなのです。

本書の結論

　「戦略思考のしくみ」を端的に示した基本フレームが**図0.1**です。

　たとえば、①「5年後に10億円の経常利益を上げたい（＝戦略目標）」ので、②「日本およびアジア諸国のシニア層をターゲットとして（＝ターゲット需要の選定）」、3年後には本格的に販売活動を開始したい。そのためには、③「今からそれができるような組織体制・設備の準備をする（＝競争優位の創出）」ということです。

　①の目標に対して、②のターゲットとして選択可能な市場は複数あるはずです。地元密着の会社であれば、県内の市場にこだわるか、県外に進出するか。あるいは国内の市場に留まるか、海外

に進出するか。得意とするシニア層の市場に留まるか、新たに若年層の市場を開拓するか、などです。また、それぞれの市場について、どのような技術・ノウハウを活用し、どのような体制で臨むかについても複数のアイデアがあるはずです。たとえば社内の人材で対応する、外部のリソースを活用する、などです。①の戦略目標からアイデアが分岐し、さまざまな思考が可能になることが分かるでしょう。これらの思考全体のプロセスが戦略思考です。

戦略思考を構成する3つの思考領域

　これら3つの要素は、経営理論の専門分野としてはそれぞれ「会計」「マーケティング」「戦略」に該当します。ですから、戦略を考えるためには、会計とマーケティングの知識が欠かせないことになります。本書では、戦略思考の前提となる論理体系として「会計」および「マーケティング」についても解説しますが、これらにも「思考」という言葉をつけています。たとえば会計分野では、分析の計算方法を学ぶだけではなく、「会計的に考えるとはどういうことか」「会計的な判断の特徴はなにか」に触れ、意思決定において留意すべきことを解説しています。

　3つの思考の内容と、それぞれの関係を概観すると次のようになります。

①戦略目標の設定：会計思考

　戦略目標とは、思考の起点になる将来時点で達成したい成果の水準です。適切な目標を設定するためには、ビジネスの成果がどのように評価されるのかを知る必要があります。実際、ビジネスのあらゆる場面での意思決定の基本的な基準は会計（お金）です

（ただし、目先の儲けだけではありません）。会計思考は、ムダづかいを省くといった、短期的に成果が出る簡単なコストダウン策から、効果が長期にわたる投資計画まで、ビジネス全体を考えるための基本的な思考基盤です。

②ターゲット需要の選定：マーケティング思考

　ターゲット需要の選定は、顧客ターゲットを選定し、対価を得られる価値を検討することですから、売上を上げる施策を検討するマーケティングの分野になります。マーケティングは、企画段階から成果が現れるまでには一定の時間がかかりますから、「次の成果（中期）」に向けられた思考ということができます。

　マーケティング思考は会計思考を基盤とします。会計的な成果目標を踏まえた上で、マーケティング活動を企画しなければならないからです。

③競争優位の創出：戦略思考

　競争優位の創出は、マーケティング活動を支える会社のリソース（経営資源）を形成することであり、本書の主テーマである戦略思考の最終的なアウトプットです。会計思考、マーケティング思考と比較すると、戦略思考はそれらよりも先の「次の次の成果（長期）」を見すえた思考ということができます。

3つの思考を時間軸で整理する

　さて、戦略思考とは、「①（長期の）戦略目標の設定→②ターゲット需要の選定→③競争優位の創出」の思考プロセスのことでした。戦略思考は長期的な成果（次の次の成果）に向けた思考ですが、

〈図0.2　3つの思考が目指す成果の時間的な違い〉

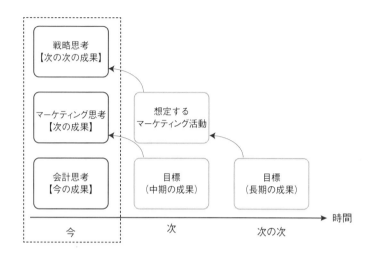

短期的な成果（今の成果）、中期的な成果（次の成果）をおろそかにして「次の次の成果」はありません。会計的な成果に向かわずにマーケティングや戦略を考えることは無意味です。さらに、マーケティングの見通しを持たずに戦略を語るのも無意味であり、危険でさえあります。必ず、会計、マーケティング、戦略の順に思考を積み上げる必要があります。

　以上のことをイメージとして表現すると**図0.2**のようになります。ビジネスには、短期成果・中期成果・長期成果という3つの成果があり、会計思考・マーケティング思考・戦略思考は、それぞれに重なり合うことで会社の将来にわたる成果を導く手がかりを提供します。これらの時間軸における3つの成果に向けてどのようなアイデアを創出するかが、戦略思考の全体像です。

　本書の構成は次の通りです。

第Ⅰ部は会計思考です。ビジネスのゴールとしての企業価値という考え方、お金の使い道の判断基準、キャッシュフローと資金調達の方法、および会計情報から収益性を向上させる課題を導く視点を示します。なお、本書では、経営学で「管理会計」「財務会計」「ファイナンス」と呼ばれる分野を会計思考の中に含めています。

　第Ⅱ部はマーケティング思考です。人がモノを買うというのはどういうことか示し、成果を上げるための差別化の方法、および顧客の心理と行動を読み解く方法を解説します。

　第Ⅲ部でようやく戦略思考が登場します。先に示した戦略の構成要素を詳しく解説し、競争力とは「早さ」と「速さ」であること、および市場環境分析の方法を示します。

　最後の「おわりに」で、3つの思考の関連と矛盾を整理し、ビジネスには思考と行動のスピードが要求されることを導きます。

あらゆるビジネスパーソンの思考の"OS"

　私たちはビジネスの経験を通じて業務の専門性を身につけ、他人よりも生産性が高い仕事の実践をビジネスのよりどころにしています。しかし、経験だけを頼りにしていると、知識、意識ともになんらかの偏りが生じます。そして、役職が上がり、事業の責任を持つ立場になったときに、はたと困ることになります。経営トップに近くなればなるほど、経験で語れる領域が少なくなり、論理的にビジネス全体を考える力が求められるからです。

　特定の業務に精通した専門家は、外部のコンサルタントに置き換えることも可能です。しかし、組織の一員としてリーダーシップを発揮するためには、携わっているビジネスの全体的な課題を

踏まえた上で、自分の担当分野で果たすべき役割を見出さなければなりません。したがって、「戦略思考のしくみ」は、リーダーシップを発揮する立場にあるビジネスパーソンであれば、だれもが必要とする思考のしかたです。

本書は、ビジネスリーダーのみならず、できるだけ多くの人に読んでいただきたいと思っています。たとえるなら、さまざまなアプリケーションソフトを動かすための "OS（オペレーティング・システム）" のようなものです。専門的なビジネス知識を効果的・効率的に活用するための、コンパクトに設計された基礎的なソフトウェアです。その点で、いささか知識が過剰になっている人の頭の整理にも有効です。軽いコンパクトなOSをインストールし、あなたのエネルギーを効率的にビジネスに投入し、ダイナミックでわくわくするビジネスにチャレンジしてほしい。それが筆者の願いです。

なお、本書は『ビジネスの文法──会計、マーケティング、そして戦略』（萌書房、2013年）をアップデートしたものです。本論の趣旨に変わりはありませんが、読みやすさを重視し、ビジネス環境の変化を踏まえて表現や事例などを変更しています。また、会計、マーケティング、戦略と思考を積み重ねていく最終到達点を強くイメージしていただきたいために、タイトルを「戦略思考のしくみ」としました。

言葉の使い方

本書では、買い手に価値を提供して対価を得る活動を「ビジネス」と表しています。「経営」「事業」と同じ意味で使用しますが、「ビジネス」を優先して用いるのは次の理由からです。

1つは、「経営」には組織のマネジメントに重きを置いている
ニュアンスがあり、「ビジネス」の方が市場での取引、組織の外
部との関係を含めた活動の全体像がイメージされやすく、本書の
内容に適していると判断したからです。もう1つは、「事業」は
市場取引とは異なる「公共事業」のような用語もあるため、市場
取引に限定した活動を強調したいからです。ただし、「経営分
析」や「事業領域」のように、「経営」「事業」という言葉と結び
ついた用語が一般的な場合はそれを用います。

　また、ビジネスを行う組織を「会社」としています。「ビジネ
ス」は活動を表し、「会社」は人の集団を表します。また、「企業
価値」などのように、一般的に「企業」という言葉が使われるこ
とが多いものは「企業」と表記しますが、意味としては「会社」
と同等に用います。

第Ⅰ部
会計思考

Accounting

第1章　意思決定は企業価値に向かう

1　お金の力を借りる

金儲けはよいことなのか

　近代経済学の父であるアダム・スミスは、個人の利益追求が、結果的に社会全体の利益をもたらすと説きました。個人は自己の利益を追求してめいめい勝手に行動するが、結果的に社会全体の需要と供給の折り合いがつくことで、社会の調和が図られていく。その折り合いをつける市場の機能を称した言葉が、有名な「神の見えざる手」です。私たちの経済活動が、このようなメカニズムを前提としていることは、ビジネスパーソン共通の了解事項といってよいでしょう。「会計的利益を追求する活動をビジネスと呼ぶ」というところから議論をスタートさせましょう。

　ただし、金儲けだけを行動のよりどころにできる人はきわめて稀です。そのような人は、独特の経験を背景にした強烈なハングリー精神を持った人でしょう。たいていの人には「おいしい食事を提供したい」「病気の人を助けたい」「あっと驚くようなゲームを開発して人々を楽しませたい」といった、金儲けとは別の活動動機があるはずです。人間が心から頑張るには、他人に貢献し、社会的によいことであると感じることが不可欠だと思います。利

己心の追求と社会への貢献。この人間の根源にある相反する思い
を見事につなぎ合わせた場が市場です。

　私的な利益追求が社会にとってよいことだと確信するには、お
金が自由意志を持つ買い手から得られていることが条件となりま
す。金儲けの精神は自由な買い手と結びついて、初めて社会的な
意義を持ちます。市場競争により、売り手はより多くのお金を得
るために、よいアイデアを積極的に広めようという動機づけが生
まれ、結果的に社会が便利に、豊かになっていくからです。ビジ
ネスを社会的によいものとするには、自由、フェアプレイ、利他
精神といった美徳とは切り離せません。アダム・スミスがそもそ
も道徳の教師であり、主著『国富論』の前に、『道徳感情論』と
いう著作を残していることを見逃すわけにはいきません。

　買い手が自由意志によって製品やサービスを選択できるという
ことは、売り手にとっては競争相手がいることを意味します。売
り手からすれば、競争相手はいない方がよいのですが、競争相手
がいないと獲得した儲けが正当化されません。売り手（自社）、買
い手（顧客）、競争相手、この３者が共存する場が市場です。これ
を英語でいうと、Company（自社）、Customer（顧客）、Competi-
tor（競争相手）となり、これらの頭文字がすべてＣであることか
ら、3Cと称されます。3Cの場、すなわち市場での取引を通じて
お金を得る行為がビジネスです。

「金儲け」が社会をよりよくする

　社会貢献は、ビジネスという制度を借りなくても可能です。国
家や自治体の活動もあれば、ボランティア活動もあります。ビジ
ネスをビジネスたらしめているものはやはり「金儲け」の部分で

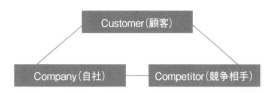

〈図1.1　市場の3C〉

Customer（顧客）

Company（自社）　――　Competitor（競争相手）

す。金儲けのエネルギーを利用して社会貢献をする活動といってもよいでしょう。そもそも、お金（貨幣）という道具ができてビジネス活動が現れ、商品の流通が飛躍的に活発になりました。狩猟や農耕の収穫高のばらつきを克服するために富を蓄積し、将来に備えるという「戦略的」な発想も生まれました。お金の存在が、ビジネスそのものを生み出したのです。世の中のあらゆる組織体は、社会に貢献するなにかしらの質的な価値を担っています。ビジネスは、そこに「金儲け」という意欲を引き出す仕掛けを入れることで活動を活性化させる、1つの社会制度なのです。

　だれにとってもお金はあった方がよいものです。お正月に、1000円のお年玉と2000円のお年玉があれば、小さい子供でも2000円の方を選ぶでしょう。お金は共通の価値尺度であり、いちいちそのありがたさを説明しなくても行動の指針になります。そのお金の性質を活かし、人々の活動を活性化させる営みがビジネスです。

いつもお金のことばかり考えている？

　わざわざいわれなくてもいつもお金のことばかり考えているよ、という人もいるでしょう。むしろ、ビジネスパーソンであれば、そのような人の方が多いかもしれません。確かに、筆者が営業担

当者だったときは、売上、利益、返品、在庫、納入掛け率、経費などなど、数字でがんじがらめでした。女性のインナーアパレル（下着）という、なかなかロマンチックな商品を販売していたのですが、頭の中は数字のみ。ロマンチックのかけらもありませんでした。

　毎月の売上予算があり、予算を達成するかどうかで天国にも地獄にもなります。月末近くになって予算が未達のときは、だれがどうやってそのギャップを埋めるか、延々と会議をしていたものです。課としての目標予算から1000万円足りないとなれば、1000万円を課員のノルマにどのように配分するかを決めるまでは帰れません。「後3日でAさんは700万円、Bさんは300万円の売上達成をお願いします」という痛みわけをもって、会議はようやく終了です。

　問題は、その売上目標を実現するアイデアが十分に議論されないことです。このような数字の配分はあくまで目標の設定です。目標の意義は、その達成に向けたアイデアを生み出し、行動を喚起することにあります。会計目標は、アイデアの裏づけがなければナンセンスです。

　逆に、ある機会が訪れたとき、あるいは新たなアイデアを思いついたときに、期待できる成果をお金に換算できない場合があります。たとえば、店舗の改装に伴う売上増がどの程度見込めるか。新たな販促方法を思いついたが、それによりどの程度売上が伸び、どこまでの経費をかけることができるか。漠然とした「よいアイデア」は、アイデアの卵にすぎません。それをビジネスとして孵化させるには、数字に換算する必要があります。

　アイデアのない単なる予算の割り振り、効果が金額換算できな

いアイデア。これらはアイデアと数字が分断されているという点で同じ病です。ビジネスでは、数字からアイデアを生む、アイデアを数字に置き換えるという両方向の思考が必要です。アイデアと数字の両者がそろって初めて意味を持ちます。

　数字だけが先行する組織。アイデアを語る言葉だけが踊る組織。どちらも思考が不全の状態です。数字というシンプルな言葉と、アイデアを表現する豊饒な言葉の間を自由に行き来できるドアを私たちは持ちたいのです。

2　企業価値を向上させる

企業価値と３つの成果

　ビジネスは会計的利益を追求する。では、その具体的な評価指標はなんでしょうか。

　会社は１年以内の期間で決算をし、生み出した利益を確定させるとともに、税金を支払う義務を負っています。この決算数字が、一般的に会社の業績として新聞紙上をにぎわせます。しかし、決算の数字だけが会社の評価を決めるわけではありません。決算数字は過去の情報です。私たちが会社を評価するとき、決して過去の業績だけを見ているわけではありません。

　直近の決算成果は立派でも、ある不祥事を起こしてこれからのビジネスの見通しがまったく立たなくなった会社があるとします。もちろん、このような会社を高く評価することはできません。会社を評価する目線は常に将来に向けられているからです。関係者が知りたいのは、これから将来にわたり、どれだけお金を稼ぐ力がありそうかという、将来の可能性です。その可能性を吟味して、

その会社との取引や投資を判断します。

　求めたいのは、将来にわたる利益、すなわち今年はこれだけ儲かる、来年はこれだけ儲かる、その次の年はこれだけ儲かる、という見込み額を足し算してはじき出した数字です。これを「企業価値」と呼びます。企業価値は、会社が営むビジネスの将来利益の期待値合計です。なお、企業価値は、先に記した「今の成果（短期効果）」「次の成果（中期効果）」「次の次の成果（長期効果）」の合計値と考えてよいでしょう。

　さて、企業価値の理屈は分かったけれども、そんなことが計算できるのかという疑問を持つ人もいるでしょう。実際、会社の経営において、企業価値を計算し、目標にしている会社はほとんどないでしょう。実務的な経営目標は企業価値の類推指標（第3章62ページ参照）を用いるのが普通です。ただし、実際の企業買収においては、買収される会社がどの程度の価値を持つか、すなわちどの程度の利益を将来生み出すかについて、具体的に計算します。その会社が活動している市場の成長率、その中での想定シェア、売上と費用のバランスである利益構造などから、数年間の予想利益をもとに、企業価値を算出します。いずれにしろ、将来にわたる利益の期待値である企業価値という考え方をしっかりと身につけることが、会計思考およびその延長上にある戦略思考にとっては不可欠です。

　あなたの会社ではどうでしょうか。来年は今年よりも利益が上がるでしょうか、下がるでしょうか。その次の年はどうでしょうか。日常の仕事においては、企業価値は上がり基調なのか下がり基調なのか、企業価値を上げるために今どんな手を打っているのか、そういった観点から課題を検討することになります。

〈図1.2　現在の価値と将来の価値〉

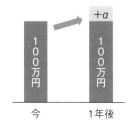

今の100万円は、1年後の
100万円＋αに等しい

1年後の100万円は、今の
100万円より少ない

現在価値という考え方

　さて、企業価値は将来にわたり期待される利益の合計値ですが、単純に足し算するだけでは不十分です。それは、現在のお金は、将来受け取るお金よりも価値が高いという考え方があるからです。

　たとえば、現在の100万円は1年後の100万円よりも価値があると考えます。現在の100万円を銀行に預けると、なんの努力をせずとも1年後には利子が付いて100万円＋αの金額になります。このことは、今の100万円と1年後の100万円＋αは同等の価値を持つことを意味します（**図1.2**）。

　逆に、1年後の100万円は、現在の価値に換算すると100万円よりも低い金額になります。将来の100万円の「現在価値」は、100万円よりも低いとみなすわけです。お金の世界では、同じ100万円でも、いつ手にするかがきわめて重要です。いつ利益が上がるかという「時間」を考慮しないといけないのです。

　企業価値の算出においても、1年後の利益は、今ただちに手にする利益よりも低く割り引いて計算するのが合理的です。一般的

〈図1.3　DCFを用いた企業価値の計算〉

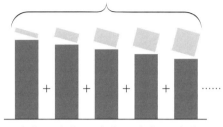

割引率を適用した現在価値を合計する

1年後　2年後　3年後　4年後　5年後

には、一定の割引率を設定して、その割引率の分、期待利益を割り引く方法が採られます。たとえば、割引率を5％とすれば、1年後の利益の現在価値は、下記の式で計算されます。

$$1年後の利益の現在価値 = \frac{1年後の利益}{1+0.05}$$

また、2年後の利益に対しては、割引率が複利として利いてきます。割引率を5％とすれば、$(1+0.05)^2=1.1025$ が2年後の利益に対する割引率になります。

$$2年後の利益の現在価値 = \frac{2年後の利益}{(1+0.05)^2} = \frac{2年後の利益}{1.1025}$$

このような計算を繰り返し、将来の利益は割り引いて（ディスカウントして）、期待されるキャッシュフローを足し算したものを、ディスカウントキャッシュフロー（DCF）といいます。企業価値は、このDCFを用いて計算されます（**図1.3**）。

お金は使うためにある

　企画書を作成する作業を効率化するために新たなアプリを購入すべきかどうか。イベント準備の際にアルバイトを何人雇うべきか。インド市場で販路を広げるために現地の流通業を買収すべきか否か。小さな意思決定から多額の投資を伴う大きな意思決定まで、その判断基準は企業価値への貢献です。ビジネスにおけるすべての意思決定は、この企業価値を高めるという基準においてなされます。

　この意思決定の前提にあるのは、お金は貯め込むものではなく使うものだということです。お金は常にモノやサービスに姿を変え、循環しています。しかし、多くのビジネスパーソンは、できるだけお金を使わないことが美徳であるとしつけられています。まずいのはムダなお金を使うことであって、お金を使うことそれ自体ではありません。むしろ、お金は使い道がなければ持つ意味がありません。

　100万円の現金をそのまま金庫に置いておくと、明日にはわずかな額ですが損をします。銀行に預ければいくらかの利子を生むはずだったのに、ただ金庫に置いておいたがために損をするのです。お金は生の刺身のように、放っておくとすぐ傷みます。お金は「動かしてなんぼ」なのです。

　お金は新たな価値を獲得する可能性として存在します。価値を獲得するまでの仮の姿です。その仮の姿を真の姿に変換して買い手に届け、その見返りに再び対価をもらうことで企業価値を高めていく。その循環がビジネスです。私たちは常にお金の使い道を考えなければなりません。使い道のアイデアを持たずにお金だけ貯め込むのは「守銭奴」であり、極論すれば社会の害悪です。

お金の力を利用して志を実現する

　私たちはお金で喜び、悩みます。ときに人の生命も左右します。お金はよい面と悪い面を持つ両刃の剣です。

　お金は非情である反面、希望のあるビジネスにはお金が集まり、そのお金がさらなる成果を生み出します。ビジネスは、お金の力を借りて志を実現する営みということができます。オーディオ機器が電気の力を借りて微弱な信号を大きなスピーカーからの音に増幅するように、お金は志の増幅器です。お金は儲かりそうなところに流れ込み、より儲けるようにけしかけます。儲かりそうもないところからは逃げ出します。ビジネスは、このようなお金のプレッシャーと私たちのアイデアの闘いともいうことができます。

　お金があるのにアイデアが乏しいと、ビジネスとは無関係の不動産や株式への投資に頼ることになります。私たちには、お金をなにに使うか、どのように行動するかのアイデアが常に求められています。それは、常にお金よりもアイデアが過剰な状態にしておく必要があるということです。言い換えれば、なんらかの使えるお金があるのに、その使い道が決まっていなければ、すでになにかしらの機会損失をしていることになります。私たちが欲するべきものはお金よりもまずアイデアなのです。

3　意思決定の判断基準を知る

投資意思決定の基礎情報

　さて、なんらかのアイデアがあったときに、お金の使い道をどう判断すればよいでしょうか。この判断は、一般的に「投資意思決定」と呼ばれます。将来にわたり、継続的に効果が現れるよう

な支出を「投資」と呼びます。この投資をどのように判断するかを考えていきます。なお、お金の支出には「費用」という言葉もあります。これは、製品の原材料や配送料などの一時的に費やす支出です。投資は効果が将来にわたり、かつ金額も大きくなるのが普通なので、より慎重な判断を要します。

　投資の意思決定に必要な基礎情報は、投資額と利益予測です。もちろん、少なくとも「投資額＜利益」となるアイデアでなくては検討の俎上には載りません。

①投資額

　一般的に、投資額は根気強く算出していけば、相当に正確な数字を求めることができます。たとえば設備関連であれば、設備販売会社や工事会社に見積もりを依頼すれば分かります。

②利益予測

　売上と費用の見通しから、入ってくるお金を予測します。利益予測はどこまで行っても不確実なものですが、なんらかのロジックを組み立てて金額をはじきます（売上の算出式については第4章の80ページを参照）。目先の利益のみではなく、投資の効果が続く将来の利益を考えます。先に見たように、利益がいつ上がるかの予測も重要です。利益の現在価値を考慮すると、できるだけ早く利益が上がることが望ましいといえます。

　なお、利益の予測には将来の「読み」が必要であり、これはビジネスにおいて決定的に重要です。それにはそれぞれのビジネス分野の見通しが必要です。鉄鋼業であれば鉄鋼業界の市況や技術動向の見通し、アパレル業界であればファッショントレンドの見

通しが必要です。この「読み」が悪ければ、残念ながらビジネスはどんな知識を得たところでうまくいかないでしょう。サッカーチームのフォワード選手がどんなに運動能力が高く、戦術理解があっても、ゴールの嗅覚がなければ得点できないのと同じです。

　ここからは、なんらかの利益の「読み」があるものとして話を進めていきます。「投資額」と「利益予測」により「儲かる程度」を算出し、投資の案件を比較検討します。

正味現在価値（NPV）

　投資効果の計算方法について、以下の2つの案件の比較で説明します。

---

①10億円の投資で、4年で16億円（毎年4億円）の利益を得る
②50億円の投資で、10年で100億円（毎年10億円）の利益を得る

　投資から得られるトータルの利益は、今後見込まれる利益を足し算して、そこから必要な投資額を差し引くことで求められます。上記の例でいえば、次のようになります。

［単純な足し算・引き算による計算］
案件①
　16億円 − 10億円 ＝ 6億円

案件②
　100億円 − 50億円 ＝ 50億円

　しかし、この計算では不十分です。先に記したように、直近の

利益よりも、将来の利益を低く換算し、現在価値を算出する必要があるからです。割引率を適用した後の期待利益の現在価値から投資額を差し引いた金額を正味現在価値（NPV: Net Present Value）と呼びます。「正味」とは、初期投資額を差し引いた純粋に手元に残る額、といった意味です。それがマイナスなら投資の価値はありません。みすみす損するだけです。複数の案件があれば、それらのNPVを比較し、値が大きいものを採択します。

　先の例で、割引率を5％とすると次のような計算になります。ただし、ただちに投資を行い、利益は1年後から得られるものとして考えます。

[NPVによる計算]
案件①

$$\text{NPV} = \frac{4億円}{(1.05)} + \frac{4億円}{(1.05)^2} + \frac{4億円}{(1.05)^3} + \frac{4億円}{(1.05)^4} - 10億円 ≒ \underline{4億1838万円}$$

案件②

$$\text{NPV} = \frac{10億円}{(1.05)} + \frac{10億円}{(1.05)^2} + \frac{10億円}{(1.05)^3} + \cdots + \frac{10億円}{(1.05)^{10}} - 50億円 ≒ \underline{27億2173万円}$$

　ある案件のNPVが大きいということは、それだけ企業価値に貢献することを意味します。そもそも企業価値とは、既存事業を含めたすべての活動のNPVということもできます。したがって、NPVは投資案件の評価指標としては、きわめて合理的なものです。NPVは企業価値の増分を端的に示す指標なので、投資意思決定方法のエースといってよいでしょう。

〈表1.1　案件②における利益発生時期ごとの割引率適用後の利益〉

利　益 発生時期	割引率適用後 の利益（億円）
1年目	9.5238
2年目	9.0703
3年目	8.6384
4年目	8.2270
5年目	7.8353
6年目	7.4622
7年目	7.1068
8年目	6.7684
9年目	6.4461
10年目	6.1391

10年後の10億円は、
約6億円の現在価値
しかない
（割引率5％の場合）

　NPVによると、案件②の方が有利になることが分かります。案件②の規模の大きさが有利に働いています。ただし、5％の割引率を考慮しただけで、単純な足し算・引き算とは金額が大きく異なることに注目してください。5％の割引率が複利で利いていくと、案件②の10年後の10億円は、約6億円の現在価値しか持ちません（**表1.1**）。その結果、10年間の利益の現在価値は、単純な足し算の収益額（50億円）の半額程度（27億円）に下がります。この算出方法では、利益の獲得が後になればなるほど割引率が大きく利くので、できるだけ早く収入を得た方がよいことが分かります。

早い成果は常に歓迎される

　案件②で、利益の出るパターンを変えてNPVを計算し、このことを確かめてみましょう。いずれも、10年間の単純合計は100億円で、利益が早く上がるパターンと、後から上がるパターンを

〈表1.2　利益の出るパターンを変えた例〉

（億円）

	1年目	2年目	3年目	4年目	5年目	6年目	7年目	8年目	9年目	10年目	10年間単純合計
案件②	10	10	10	10	10	10	10	10	10	10	100
案件②－1	15	15	15	15	13	11	7	5	3	1	100
案件②－2	1	3	5	7	11	13	15	15	15	15	100

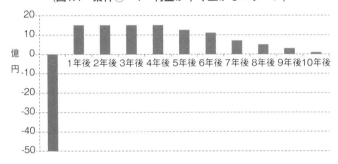

〈図1.4　案件②－1：利益が早く上がるパターン〉

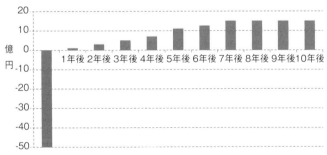

〈図1.5　案件②－2：利益が後から上がるパターン〉

考えてみます（表1.2、図1.4、図1.5）。

　表1.3を確認すると、やはり利益が前倒しで上がる案件②－1のNPVが高いことが分かります。このように、利益はできるだけ早く上げることが肝心です。お金は本来的に短期志向なのです。

〈表1.3　利益の出るパターンを変えた NPV の計算結果（割引率5%）〉

案　件	NPV
案　件②	27億2173万円
案　件②－1	32億4902万円
案　件②－2	21億7618万円

　お金を呼び込みたかったら、短期的に利益の上がるアイデアが有利です。実のところ、お金は「長い目で見る」ことは苦手です。ビジネスにおいて、成果の「早さ」は常に善なのです。

割引率の設定は重要な経営判断事項

　NPVと単純に将来の利益を足し算することとの違いは割引率の適用ですから、どのような割引率を用いるかは重要な判断事項です。割引率の設定により、案件を採用すべきかどうかの判断が分かれるからです。

　多くの教科書には、割引率には「資本コスト」を適用せよとあります。資本コストとは、会社が調達しているお金の費用（利率）のことです。会社が調達するお金にはなんらかの費用（借入の利子や株式への配当など）がかかっており、その費用（利率）を割引率として適用します（第2章48ページの資本コストの項を参照）。

　したがって、投資から得られる利益を資本コストの利率で割り引いてNPVを計算した結果、少なくともプラスになることが実行のための最低条件になります。これは、投資に使われるお金を調達するための費用分は、少なくとも利益として生み出すべきだということです。NPVがマイナスになるということは、投資に要する資金の調達コストを回収できないということを意味します。

内部収益率（IRR）

　先に見たNPVには、投資規模が大きければ大きいほど評価されるという傾向があり、投資に対する見返りの程度を測ることができません。この短所を克服した意思決定方法が内部収益率法（IRR: Internal Rate of Return）です。NPVは割引率をあらかじめ設定し、それをもとに投資の現在価値を求めるものでしたが、IRRはNPVがゼロになるような割引率を求める計算を行います。

$$0 = \frac{1年後の利益}{(1+割引率)} + \frac{2年後の利益}{(1+割引率)^2} + \cdots + \frac{n年後の利益}{(1+割引率)^n} - 投資額$$

　→上記が成り立つ「割引率」がIRR

　IRRは、数値が大きければ大きいほど有利な投資案件ということになります。割引率が高いということは、NPVをゼロにするには大きく割り引かなくてはいけないということで、それだけ「儲かる程度」が大きいということを意味します。

　IRRを計算するためには、あらかじめ利益を生む期間を決めておく必要があります。「5年のIRRで○％」という表現になります。先の案件例では、案件②に合わせて利益が発生する期間を10年とします。ちなみに、計算は複雑なので手計算では無理です。通常はパソコンの表計算ソフトを使用します。先の例では、次のように計算されます。

［IRRによる計算］

案件①

$$\frac{4億円}{(1+割引率)}+\frac{4億円}{(1+割引率)^2}+\frac{4億円}{(1+割引率)^3}+\frac{4億円}{(1+割引率)^4}-10億円=0$$

となる割引率を求めると、<u>22％</u>になる。

案件②

$$\frac{10億円}{(1+割引率)}+\frac{10億円}{(1+割引率)^2}+\frac{10億円}{(1+割引率)^3}+\cdots$$

$$+\frac{4億円}{(1+割引率)^{10}}-50億円=0$$

となる割引率を求めると、<u>15％</u>になる。

　この結果、案件①の方がIRRがよいことが分かります。すなわち、案件①がより高利回りの案件です。また、NPV同様、早い時点で利益が上がった方がIRRは高く出ます。

　IRRは、基準となる利子率（ハードルレート＝越えなければいけない基準となるレート）と比較され、それを越えると検討の俎上に載ります。NPV同様、一般的なハードルレートは資本コストが用いられます。上記の例で、ハードルレートを5％とすると、どちらもそれを上回るので、検討に値する案件ということができます。IRRは、すべての案件が「利回り」で表現されるので、数多くの投資案件を抱える金融機関などにとって、規模や内容がまちまちの案件を一律に比較できるので便利です。

回収期間法

　もう1つ、より簡便な投資評価方法である、回収期間法を紹介します。ビジネスの実務では、NPVやIRRより、こちらの方が一般的かも知れません。回収期間法は、投資で支払った金額を、予測される利益でどのくらいの期間でトントンにできるかを計算する方法です。その期間が短ければ短いほどよいという考え方です。時間を考慮したDCFは用いないので、計算はきわめて簡単です。先ほどの例を用いると、次のような計算になります。

[回収期間法による計算]
案件①
　10億円の投資で毎年4億円の利益を得るので、10÷4で回収期間は2.5年

案件②
　50億円の投資で毎年10億円の利益を得るので、50÷10で回収期間は5年

　したがって、①の案件が有利になります。一般的には、投資の基準となる回収期間（たとえば3年など）を定め、その基準と照らし合わせて投資の可否を判断します。
　この方法は、どれだけ儲けられるかというより、いかに損をしないかという発想に立っています。将来はなにが起こるか分からないので、お金はできるだけ手放したくないという発想です。変化の早い業界、たとえば飲食店の改装などは、1年くらいで投資を回収してしまいたいという経営者が多いでしょう。流行りすた

りが早く、それに応じて1年後は再び改装する可能性があるからです。

　また、この方法は、元が取れた後にどれだけの利益が上がるかということは考慮しません。後で利益が上がれば儲けものということです。したがって、将来の利益獲得を目的とする新規事業の判断基準にはなりえません。元を取ることが目的であれば、そもそも新規事業を企画する必要はないからです。

　投資意思決定において回収期間法一辺倒の会社は、投資が手堅いものになっていきます。短期間で確実に資金回収できる案件が評価され、大きなダイナミックなアイデアが出にくくなるという弊害があります。

4　ローリスク・ハイリターンを追求する

投資家は短期的な成果を求める

　ここまで見た3つの方法の評価指標による、例題の計算結果を比較してみましょう（**表1.4**）。

　企業価値向上の観点からは、NPVに基づき、案件②が採用されるはずです。しかし、回収期間やIRRによる利回りの点では、案件①が有利です。案件①は金額の規模は小さいものの、効率のよい投資案件ということができます。どちらの案件を採択するかは、金額規模、リスク、利回りなどを総合的に勘案して判断すべきでしょう。

　また、会計的に考えると早く成果が上がる案件が有利ですが、それが常に正しい判断ということではありません。悪くいえば近視眼的な判断に陥り、長期にわたる大きな構想を排除することに

〈表1.4　例題の計算結果比較〉

①10億円の投資で、4年で16億円（毎年4億円）の利益を得る
②50億円の投資で、10年で100億円（毎年10億円）の利益を得る

	案　件①	案　件②
正味現在価値（NPV） ［割引率5％］	4億1838万円	27億2173万円
内部収益率（IRR） （期間10年）	22％	15％
回収期間法	2.5年	5年

つながります。私たちは、期待利益とリスクを勘案し、どのバランスが好ましいかを判断しなくてはいけません。会計思考の近視眼的な傾向を理解した上で、そのときどきの状況に応じたバランスの取れた思考を行うことが必要です。

リスクをどう考えるか

　私たちは今、ビジネスにおける意思決定の方法を議論しています。答えが決まっている算数の問題を解くことを意思決定とは呼びません。答えが決まっているなら、人間の仕事ではありません。それはコンピュータの作業になります。意思決定とは、答えがよく分からないことを判断することです。

　よく分からないことというのは、リスクを伴うということと言い換えることができます。リスクとは、結果の想定にばらつきがあり、不確実だということです。リスクがなければ、期待利益から投資金額を引いて、その差額が大きいものから順に選べばよい

だけですから、「意思決定」は必要ありません。

　したがって、意思決定を突き詰めて考えると、リスクをどう考えるかという問題となります。まずNPVやIRRのような、なんらかの意思決定基準にしたがって案件を評価する。その物差しで案件を並べ、期待できる成果とリスクを天秤にかける。通常は、期待値が大きな案件はリスクも高くなります。投資意思決定の核心は、結局のところこのリスクをどのように評価するかということになります。

リスクを引き受け、かつリスクを低減すること

　たとえば、銀行の普通預金に1万円を預けると、1年後には2円の利子がつくとします。株式など、元本保証がない投資商品はそれよりも利回りが高くなります。もし元本保証がある銀行預金と元本保証がない投資商品の利回りが一緒であれば、だれもがより安全な銀行預金を選ぶでしょう。リターンが不確実な金融商品は、リスクがある分、必ず銀行預金よりも利回りを高くしないと買い手がつきません。

　このように、一般的に、リスクが高い投資対象は利回りが高くなり、また、リスクが低いものは利回りが低くなります。逆の見方をすると、リスクを受け入れる勇気があれば（失敗のリスクも高くなりますが）高い利回りが期待でき、リスクを避けて通れば低い利回りに甘んじなければいけないということです（**図1.6**）。このことはビジネスでも同じです。高いリターンを得ようと思えばなんらかのリスクを取る必要があります。リスクに挑むということは、世間全体から見て一般的でないもの、他社と違う行動をするということです。

〈図1.6　ハイリスク・ハイリターン〉

　そして、ここからが肝心です。他社から見てリスクの高いアイデアであっても、自社ではそれほどでもないというものがあります。たとえば、製品を販売した後のアフターサービスを丁寧にすることが得意な会社と、そうでない会社があります。アフターサービスは、得意でない会社にとってはやっかいで費用がかかり、クレームの恐れもあるリスクの大きな業務です。しかし、アフターサービスの経験が長く、積み上げてきたノウハウがあり、サービスを上手に展開できる会社にとってはさしたるリスクではありません。そのサービスによってお客さんの満足が高くなり、リピート需要が増えるとすれば、この会社は相対的に低いリスクで高いリターンを得ているということができます。

　このように、他社にとっては高いリスクであるが、自社にとってはそうではないもの、このリスク認知のギャップに高収益の機会があります。このギャップを生んでいる能力が会社の「強み」と呼ばれるものです。社会全体から見たときには積極的にリスクを取りに行き、なおかつ社内のオペレーションとしてはできるだけリスクを回避するような力を蓄えることが肝心なのです。いわば、一般的な経済原則を逸脱したローリスク・ハイリターンを追求するということです（**図1.7**）。

　ビジネスでは、リスクを引き受けることと、リスクを低減する

〈図1.7　ローリスク・ハイリターン〉

他社にとってはリスクが高いが、自社にとっては相対的にリスクが低い領域　⟷　利回りが高い

ことを同時に行わなければなりません。組織の外に向かっては他社が躊躇するリスクを引き受ける精神、社内のオペレーションではリスクを低減する努力、この2つが必要です。前者は企業家精神、後者は愚直に技を磨く精神です。外に向けてのリスクテイクと、内なるリスク低減。ビジネスにはどちらが欠けてもダメなのです。

　ビジネスは成功して時間が経つと、できるだけリスクを低くしようとする傾向が強くなります。それはビジネスの安定をもたらしますが、そこに安住していては会社はいつしか衰退します。

数字とアイデアの知恵比べ

　人事評価の分野で逆算化傾向という言葉があります。「この人は元々できる人だ」「この人はダメだ」といった評価対象者の総合的なイメージが先にあり、その総合評価になるように各評価要素に点数を配分してしまう心理傾向のことです。一般的な人事評価は、「行動力」「協調性」などのいくつかの評価要素が与えられ、その合計で最終評価とされるしくみになっています。したがって、逆算化傾向は誤った評価方法であり、避けるべきものといわれています。各要素を正しく評価すれば総合点は自ずから決まるので、部分に集中すればよいというわけです。ところが、人間の思考はなかなかそうはいきません。部分点とは別に全体の評価というの

も人間の心にあるからです。

　投資意思決定においても、似たようなことが起こります。定量的な計算結果が投資基準に満たなくても、このプロジェクトは前に進めるべきとの内なる声がある場合があります。計算してみました、ダメでした、じゃあ諦めます、というのであれば、そもそもなんのために起案したのか分かりません。そう考えると、なんとしても投資案件を通したいという思いのもと、判断基準に達するような現実策を模索することが賢明な頭の使い方になります。数字とアイデアの知恵比べです。世間から見てリスクの高いアイデアは、多くの場合、社内から見てもリスクの高いものです。「そんなことはできないだろう」と社内から反発されます。その反発に負けずに、どのような方法で実現可能なのか、リスクを低減できるのかを考え抜かなければなりません。

　ビジネスの主体者としての立ち位置に立つと、投資評価の計算は、どのようなアイデアが有効かを検討する入り口にすぎません。数字という、ものをいわない冷徹なレフェリーを前にして、彼の首を縦に振らせるビジネスのアイデアが求められるのです。

第1章のまとめ

✓ 会計的利益を追求する活動がビジネス

　　お金の力を使って社会に貢献する

　　お金の力を使って人々をマネジメントする

✓ 企業価値の向上

　　将来の期待値合計（現在価値）

　　お金の価値は時間とともに変わる

　　お金は使うためにある

✓ リスクと利回りの関係

　　成果が早く出る方が望ましい

　　リスクを取らなければリターンが望めない

　　その上で、できるだけリスクを減らす努力をする

第2章　財務基盤を築く

1　お金を動かす

会計情報は究極の上司

　みなさんは、勤めている会社の預金通帳を見たことがあるでしょうか？　筆者がある会社の立ち上げに参画したときのことです。初年度から経営に窮し、役員間の意見も整わず、創業して1年足らずのうちに役員を入れ替えました。新たに外から招き入れた役員がまず始めたことは、みんなの目の前で会社の預金通帳を開くことでした。

　彼は大手商社出身の経営のプロでした。残念ながらそれまでの役員陣は筆者を含め、すべてアマチュアでした。彼は預金通帳を会議のテーブルに出すことにより、喫緊の課題がキャッシュの確保であり、まず借り入れを起こす必要があることを示しました。筆者もエクセルの表ではいつまで資金が持つか、いつまでになにをすべきかは理解しているつもりでしたが、預金通帳そのものを見て身が引き締まったことを覚えています。だれにどのような意見があろうと、お金の現実がやるべきことを明確に示しています。お金は経営陣をも超えた究極の上司です。

　ビジネスにおいて、なにかを企画・計画する会議の冒頭には必

ず会計情報の確認がないといけません。お金の制約がどの程度な
のか、いつまでに利益を得なければならないのかという会計上の
要請を踏まえ、成果目標を立てることになります。その会計的な
目標は、音楽のテンポを決めるメトロノームのように、ビジネス
活動のペースを決めます。いつまでにどれほど頑張らなくてはい
けないのか。そのような行動のスピードをお金が定めるのです。
したがって、ビジネスの中でお金がどのように流れているか、そ
の現実を知らなければなりません。

キャッシュフローはビジネスの血液

　お金の流れのことを「キャッシュフロー（Cash Flow：CFと略す
ことがある）」といいます。キャッシュフローの全体像を目で見る
ことはできませんので、それを頭の中でイメージできるようにす
ることが求められます。

　キャッシュフローは人間の血液にたとえられます。キャッシュ
フローが活発に動いていたら健康で、停滞していたら不健康な状
態です。流れが途絶えてお金が入ってこなくなれば死を迎えます。
そうならないように注意し、できるだけお金を動かすことを考え
る必要があります。

　ビジネスを立ち上げたときのお金の流れは、おおむね次のよう
なものです（**図2.1**）。まず、ビジネスの元手としての資金を調達
します。だれかに株式を買ってもらって資本金を調達したり、銀
行から借り入れたりします。それらのお金は、いったん銀行の口
座に入りますが、すぐに費用として出て行きます。家賃や人件費
を払い、設備を備えたり原材料を購入したりして製品（サービス）
をつくります。家賃や給料は、普通1カ月ごとに支払いますが、

〈図2.1 キャッシュフローの全体図〉

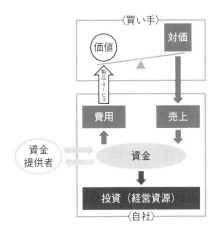

そのタイミングでお金が足りないと再度資金繰りに奔走することになります。

運よく製品（サービス）が買い手にとって対価を払ってもよいと認められれば、その支払われた対価が売上となります。売上から製品（サービス）の製造などに使われた費用を差し引いたものが利益です。先に費用が出ていき、その次に売上という収入があり、その差し引き結果として利益があります。さらに、その利益から税金を払い、残りのお金を株式の配当などに配分し、一部を新たな活動の原資として会社内に残します。

このように、お金はビジネス活動を通じてぐるぐる回ります。お金はお金のままでいるわけではなく、新たなお金を生むために、設備や材料、製品などのいろいろな姿に変わります。企業価値を高くするということは、お金を一箇所に留めておくことではなく、お金をぐるぐると回し、会社の中を駆け回るお金の量とスピード

を上げていくことです。

企業価値を上げる5つの基本課題

　以上のようなキャッシュフロー全体から、企業価値を上げるための5つの基本課題を指摘することができます。

①財務基盤を築く

　第1の課題は、ビジネスに必要な資金を常に確保することです。資金がショートしないように常に細心の注意を払わなければなりません。その方法は、だれかに株式を買ってもらったり、銀行から借り入れたりすることです。調達するお金には対価（利子・配当など）が必要で、会社全体の資金調達に要する対価を資本コスト（49ページ参照）と呼びます。

②収益性を向上させる

　「収益性」とは、ビジネスに投下されたお金や売上に対する利益の割合のことです。ここでの課題は、製品（サービス）をつくって販売するにあたり、できるだけお金をかけずに行うこと、すなわち合理化・コストダウンの課題です。設備や土地など、長期的に使用する資産への支出は投資であり、経営資源として蓄積されます。製品の原材料など、一時的に費やされる支出は費用と呼ばれます。活動のムダを省き、少ない資金で利益をより大きくする、生産性を上げる改善努力は日常的になされる必要があります。

③売上を上げる

　製品やサービスが買い手にとって対価を払ってもよいと認めら

れれば、その支払われた対価が売上となります。ここでの課題は、買い手にとって価値がある製品（サービス）をつくり、買い手の購買を促すことです。将来の期待値である企業価値に直結する活動であり、ビジネスの根幹の活動であることに議論の余地はないでしょう。

④競争力を形成する

　将来の活動の基盤となる競争力を築き、伸ばすような投資を行うことです。将来時点での「③売上を上げる」活動の土台を築く活動です。主な活動としては、研究開発投資、設備投資、他社との提携、人材育成などが挙げられます。

⑤事業領域を選定する

　さらに、上記①〜④のような活動の前提となる、そもそもビジネスをどの領域で行うかという根本的な課題です。利益が期待できる事業領域を探索し、事業領域を広げたり絞り込んだりします。その最も大胆な意思決定は事業の立地替え、すなわち事業領域の変更です。

　なお、企業価値を上げる5つの基本課題は、会計・マーケティング・戦略の各分野と対応しています。会計思考に含まれるのは「①財務基盤を築く」と「②収益性を向上させる」です。マーケティング思考は、「③売上を上げる」に該当します。戦略思考は「④競争力を形成する」「⑤事業領域の選定」が該当します（図2.2）。

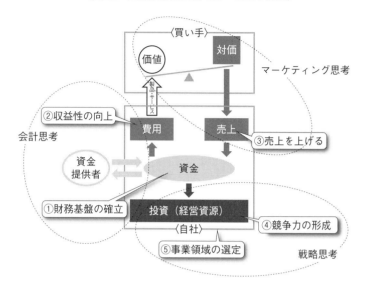

〈図2.2　企業価値を上げる5つの基本課題〉

基本課題への目配せ

　企業価値を上げるためには、常にこの5つの基本課題すべてに目を配らなくてはいけません。たとえば、「③売上を上げる」活動が好調なときであっても、それだけに満足することなく「②収益性を向上させる」ことを厳しく行い、かつ将来の「④競争力を形成する」「⑤事業領域を選定する」までを視野に入れなければなりません。先見性とは、目先の課題を克服しながら、将来に向けての課題に真摯に取り組む姿勢のことです。

　ただし、ビジネスが置かれた状況で重点課題は異なります。売上が減少傾向で、新規の買い手を探さなければいけないときに、コスト削減に入れ込みすぎてはいないか。財務基盤を築くことが急務なときに、長期スパンの研究を漫然とやっていないか。その

ような優先事項を踏まえた上で、5つの基本課題に目配せする視野の広さが必要になります。

特に経営が危機のときには、優先順位を厳しく設けなければなりません。これらの5つの基本課題は、お金の流れに沿って指摘したものですが、緊急性の高い順でもあります。倒産の危機のときには、まずなにを差し置いても、「①財務基盤を築く」ことです。そこから順を追って経営を立て直さなければなりません。なんとか当面のお金の確保ができたら、お金の流出を止める上で即効性のある「②収益性を向上させる」、すなわちコストダウンに取り組みます。その努力をしつつ、次の段階の「③売上を上げる」活動を行います。その成果をより伸ばすために、「④競争力を形成する」ことを行い、そのビジネス分野に限界を感じると、「⑤事業領域を選択する」ことが検討されます。

2　会社の資金にはコストがかかっている

会社の外部からの資金調達方法

ここから、企業価値を上げる基本課題の「①財務基盤の確立」について解説します。

会社の資金調達方法には、「自己資本」と「負債」の2種類があります。自己資本とは株式による資金調達、およびビジネス活動で蓄えられたお金（内部留保）のことで、返済する必要がないものです。負債とは銀行からの借り入れなどのことで、返済義務があります。したがって、自己資本の割合が高いほど財務基盤は安定しているということができます。

会社の外部からの資金調達の主な方法は次のようなものです。

①自己資本による調達

●増資（資本金）

　会社が新しく株式を発行し、だれかに購入してもらって資本金を増やす方法です。これがビジネスの財務基盤の根幹になります。株式の所有者が株主であり、株主総会という意思決定の場を通じて経営に影響力を持ちます。資本金は返済義務はありませんが、あくまで株主から預かっているもので、会社の所有者は株主です。経営者は、株主から経営を委託されている立場です。ちなみに、現在の日本の会社法では、資本金が1円でも株式会社が設立できます。

②負債による調達

●借入金

　銀行からの借入など、返済義務を負った資金の調達方法です。

●社　　債

　会社が資金調達を目的として、投資家からの金銭の払い込みと引き替えに発行する債券です。一定の期間の後、利率をつけて返済します。

●転換社債

　株式に転換可能な社債のことです。社債でありながら、事前に決められた価格でいつでも好きなときに一定の株式と交換（転換）できます。株価が上昇したときには、株式と交換した上で売却をすれば投資家は大きな利益を上げることができます。一方で、株価が上昇しなかったときには、社債のままで満期まで保有していれば、「元本＋利息」を受け取ることができるので安心です。ベンチャー企業など、成長期待はあるが、リスクも高い場合に用い

られます。

資本コスト

　調達する資金に対してなんらかの対価を支払わなければ、だれもお金を出してくれません。自己資本は返済義務がありませんが、配当などの調達の対価（コスト）はかかります。もちろん、負債による調達は、利子というコストがかかります。会社は、さまざまな方法を組み合わせて資金調達を行いますが、会社全体としてかかっている資金調達の費用（利率）のことを資本コストと呼びます。

　会社全体の資本コストを算出する代表的な計算式は、WACC（Weighted Average Cost of Capital: 加重平均資本コスト）と呼ばれます。借入金や社債などの負債のコストと自己資本（株主資本）のコストを、それぞれの金額の比率でかけて合計したものです。

①負債のコスト

　借入や社債の利率です。詳細な計算では、利子の支払いは費用に計上されるために節税効果（課税対象となる利益を低くする効果）があり、それを割り戻すなどの操作が必要ですが、おおむね利率と考えてよいでしょう。

②自己資本のコスト

　自己資本、すなわち株式による調達コストは計算が難しい理論値です。実際に会社が支払う金額ではなく、この程度の利回りがないとお金の出し手の割に合わないという期待値です。もちろん、リスクが高い（信用度が低い）会社のコストは高くなり、リスクが

低い（信用度が高い）会社のコストは低くなります。自己資本のコストは、確実に元本が戻ってくる金融商品の利率との差（増分）を考えます。確実な金融商品の代表は国債（国が発行した金融商品だから安全だということ）で、一般的には国債の利回りをベースとし、それにどれだけの利率を加えればよいかを考えます。

　国債の利率に加算する利率は、個別の会社のリスク分であり、専門的な計算方法が確立されています。その計算式はとても専門的なので、関心がある方はファイナンスの専門書を当たってください。おおざっぱにいえば、その会社の株価の動きをもとに、会社のリスク（株価の動きの不確実さ）を算出するものです。

資本コストは会社の信用度を表す

　借入金や社債は、会社の信用度に応じて利率が決められます。信用が低い創業時の借入利率は高く、複数年を経て業績が安定すると、低い利率で借りられるようになります。その会社がどのような利率で借り入れているかは、その会社の信用度の指標ということができます。

　また、社債の信用度は、専門機関によって"トリプルA"などと格付けされます。格付けが高ければ低い利率で（低コストで）資金が調達でき、格付けが低ければ高い利率を払わなくてはなりません。また、社債は銀行を通さずに直接資金提供者との取引になるため、銀行の手数料の分だけ、銀行借り入れより低いコストで資金が得られます。したがって、信用の高い会社は、銀行から借り入れるより、社債を利用した方が有利になります。

　資金調達方法の中で、最も資金の出し手のリスクが高いのは自己資本です。元本が保証されないからです。ビジネスが行き詰ま

り、企業価値がゼロになれば株式は単なる紙くずになります。した
がって、増資という方法は元本の保証がないがゆえに、リター
ンが高くないと資金の出し手の割に合いません。その結果、増資
のコストは（理論上）高いものになります。配当を上げたり、上場
企業の場合は株価を上げて株式の売却益が出るような活動をする
ことがビジネスの担い手の義務になります。

　中小企業では、経営者が株主を兼ねている場合も多く見られま
す。そのようなとき、お金の出し手（＝経営者）が、高いリターン
を求めるということはあまりないでしょう。しかし、資本金の出
し手が第三者のときは、このようなコスト感覚が求められます。
元本を返さなくてよいという財務基盤の安定と引き換えに、高い
コストを支払う義務があるのです。

　負債のコストおよび自己資本のコストは、いずれも会社のリス
クを反映したものになりますので、資本コストは、会社全体が抱
えているリスクを表しています。資金調達の実務知識は高度な専
門性を必要とし、担当部門以外の人には取り立てて必要がありま
せんが、ビジネスを成り立たせる基盤であるお金には、必ずなん
らかのコストがかかっているという認識はすべてのビジネスパー
ソンに必須です。

3　財務構造を理解する

貸借対照表

　財務基盤の状態を記した財務諸表が貸借対照表です。会社がど
こからお金を調達し、どのような財産（会計用語としては「資産」
といいます）を保有しているかを記述するフォーマットです。お

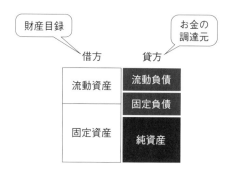

〈図2.3　貸借対照表の構造〉

金の出所は、返済が必要な「負債」と、支払い（返済）の必要のない「純資産（自己資本）」とがあります。資産と負債純資産合計が同金額になる、すなわちバランスしていることから、英語ではバランスシート（Balance Sheet）と称し、BS（ビーエス）と略します（図2.3、表2.1）。

　貸借対照表は、お金の出し入れがあると数字が瞬時に変わります。決算書の1つとして作成される貸借対照表は、決算日の取引終了時点の財産状況を示しています。

貸借対照表の主な項目

①資産の部

● 流動資産

　「流動資産」は1年以内に現金に換わるもの（厳密にいえば換わるであろうもの）です。言い換えれば、現金化することを前提にした資産です。

　　○現金及び預金——資産の中で最も活用の自由度が高いのが現
　　　金・預金です。たくさん持っていると経営は安定しますが、

必要以上に持ちすぎていると、お金を有効に使っていないと批判されます。

○受取手形及び売掛金──損益計算書上の「売上」は立っているものの、お金をまだもらっていない状態のものです。買い手の予期せぬ倒産などで回収できない場合もあります。取引先の与信が大事なのはこのためです。

○棚卸資産──「商品及び製品」「仕掛品」「原材料及び貯蔵品」などのいわゆる在庫です。これらの在庫はうまく販売できないと現金化できません。到底売れないような在庫だと、お金に換わる当てのない不良資産となります。

●固定資産

1年以内には現金に替わらない資産です。現金化が目的ではなく、長期的なビジネスの基盤として活用するものです。

○建物／構築物／機械及び装置──自社ビルや製造ラインの設備などが該当します。減価償却（66ページ）の対象となる主なものです。

○投資有価証券──長期の保有を前提とした株式などの金融的な資産です。

②負債の部

●流動負債

1年以内に「必ず」支払う必要のあるものです。当面の資金の手当てが必要なものです。

●固定負債

1年を超えて返済すべき負債です。流動負債より支払期限が後なので、より安定した資金ということができます。

	前事業年度 （2018年3月31日）	当事業年度 （2019年3月31日）
資産の部		
流動資産		
現金及び預金	1,126,284	1,532,026
売掛金	1,089,012	1,169,395
有価証券	2,257,697	2,067,947
商品及び製品	186,424	187,526
仕掛品	83,896	86,559
原材料及び貯蔵品	145,284	155,428
短期貸付金	807,742	1,089,951
その他	777,181	790,425
貸倒引当金	△7,300	△1,000
流動資産合計	6,466,223	7,078,259
固定資産		
有形固定資産		
建物（純額）	357,554	390,701
構築物（純額）	43,924	43,450
機械及び装置（純額）	296,593	308,483
車両運搬具（純額）	21,911	21,101
工具，器具及び備品（純額）	92,118	88,878
土地	416,569	412,736
建設仮勘定	150,973	157,334
有形固定資産合計	1,379,645	1,422,686
投資その他の資産		
投資有価証券	6,489,523	6,181,091
関係会社株式・出資金	2,354,955	2,317,559
長期貸付金	190,889	219,445
繰延税金資産	216,269	344,728
その他	156,328	197,823
貸倒引当金	△44,400	△44,600
投資その他の資産合計	9,363,566	9,216,047
固定資産合計	10,743,212	10,638,734
資産合計	17,209,436	17,716,993

照表（2019年3月期、単体）〉

(単位：百万円)

	前事業年度 (2018年3月31日)	当事業年度 (2019年3月31日)
負債の部		
流動負債		
支払手形	42	37
電子記録債務	281,173	309,929
買掛金	869,102	905,859
短期借入金	20,000	20,000
1年内償還予定の社債	80,000	70,000
未払金	452,054	445,550
未払法人税等	249,842	140,322
未払費用	576,891	683,695
預り金	915,224	872,006
製品保証引当金	901,486	824,960
役員賞与引当金	1,215	1,200
その他	34,676	38,213
流動負債合計	4,381,709	4,311,774
固定負債		
社債	290,000	441,980
退職給付引当金	340,706	348,540
その他	156,072	164,423
固定負債合計	786,779	954,944
負債合計	5,168,488	5,266,718
純資産の部		
株主資本		
資本金	635,401	635,401
資本剰余金		
資本準備金	655,322	655,322
その他資本剰余金	2,207	1,894
資本剰余金合計	657,530	657,217
利益剰余金		
利益準備金	99,454	99,454
その他利益剰余金		
特別償却準備金	676	401
固定資産圧縮積立金	11,097	9,356
別途積立金	6,340,926	6,340,926
繰越利益剰余金	4,964,198	6,218,231
利益剰余金合計	11,416,352	12,668,370
自己株式	△2,063,061	△2,612,230
株主資本合計	10,646,223	11,348,759
評価・換算差額等		
その他有価証券評価差額金	1,394,518	1,101,515
評価・換算差額等合計	1,394,518	1,101,515
新株予約権	205	—
純資産合計	12,040,947	12,450,274
負債純資産合計	17,209,436	17,716,993

●純資産の部
　○資本金、資本剰余金──株主から調達した資本は、このどち
　　らかに計上されます。
　○利益剰余金──これまでのビジネス活動で内部留保された金
　　額がここに計上されます。

財務の安全性を分析する

　財務の安全性とは、返済すべきお金を約束通り返済できるかど
うか、その確からしさのことです。資金調達の方法とその使い道
が、バランスを欠いていないかどうかを分析します。

①流動比率

$$\text{流動比率（\%）} = \frac{\text{流動資産}}{\text{流動負債}} \times 100$$

　流動負債は、短期的（1年以内）に返済の必要のある負債です。
この返済のためには、1年以内に現金化する資産（＝流動資産）が
必要となります。流動比率は、流動資産で流動負債をまかなえる
かどうかを確認する指標です。

　この値は原則として100％を上回っているべき（流動資産＞流動
負債）です（図2.4）。そうでなければ、返済のために新たな資金の
手当てをしなければなりません（キャッシュイン・キャッシュアウト
の実態により、必ずしも当てはまらない場合があります）。

②固定長期適合率

$$\text{自己資本比率（\%）} = \frac{\text{純資産}}{\text{総資産}} \times 100$$

〈図2.4　流動比率のイメージ〉〈図2.5　固定長期適合率のイメージ〉

「流動資産 ＞ 流動負債」が望ましい

「固定資産 ＜ 固定負債＋純資産」が望ましい

　固定資産をまかなう資金調達源が安定しているかどうかを示す指標です。安定した資金として、純資産と固定負債を考慮します。固定負債は1年以内に返済する必要ない負債ですから、比較的安定した資金調達源です。

　この値は、原則として100％を下回っているべき（固定資産＜固定負債＋純資産）です（**図2.5**）。100％を超えているとすれば、固定負債を短期の負債（流動負債）でまかなっていることになり、資金繰りが逼迫します。なお、この指標は、**図2.5**を見ると分かるように、流動比率と裏表の関係にあります。流動比率が100％を超えていれば、固定長期適合率は必ず100％以下になります。

③自己資本比率

$$固定長期適合率（\%）＝ \frac{固定資産}{純資産＋固定負債} \times 100$$

　資金全体の比率を見る指標です。純資産の比率が高いほど会社

の安全性は高いということができます。ただし、いわゆる無借金経営でも、負債に計上される費目はなにかしらあるので、100％になることはありません。

4　信用は両刃の剣

会社が死ぬ瞬間

　本章の最後に、ビジネスにおいて最悪の場合を考えておきましょう。それはビジネスの参加資格を失うこと、すなわち倒産です。どのようなときに倒産するか、すなわち会社の死の瞬間を知っておくことは、それを避けるために有効なはずです。

　ところで、人の死の瞬間はいつでしょうか。一般的には「呼吸が止まる」「心臓が止まる」「瞳孔が拡散する」の3つがそろって死亡が宣告されます。しかし、人の死とは細胞が順次死に絶えていくプロセスで、ここが「死の瞬間」と厳密な線引きをすることは難しいようです。同様に、会社の死の瞬間もそう単純なものではありません。

　お金がなくなったら会社は倒産すると思っている人がいます。しかし、お金がなくなったら、当面なにもしなければよいだけです。小遣いがなくなったら給料日までお金を使わないようにするのと同じです。ですから、現金で取引している限り、会社が突然死ぬことはありません。じっとしていてはビジネスになりませんが、倒産することはありません。

　では、なにが問題になるかというと、支払うべきものが支払えなくなることです。クレジットカードでものを買ったはいいが、銀行に残高がないという状態です。約束手形による取引では、そ

のような状況が如実に表れます。支払手形は、いつ必ず支払いますという「約束」をしたものなので、守られなければ約束と違うということになり、取引相手から警戒されます。1回目の約束不履行はイエローカードで済みますが、2回目にはレッドカードが出されて銀行取引が停止になり、ビジネスの場から退場になります。

　銀行振込の場合はどうでしょうか。もちろん、いつまでに支払いますという取り決めをしています。そうでなくては売り手は怖くて「掛け」では売れません。たとえば、約束した日に買い手から入金がなかったとします。銀行振込を決済手段とする場合、そのような事態を見逃さないように、売り手はしっかり入金をチェックしておかなければなりません。入金がなければ買い手に連絡をして、入金を催促します。単純な事務処理ミスなら、いい加減な会社だなあと思いながらも売り手は事なきを得ます。しかし、買い手は確実に信用を落とします。支払うべきものはしっかり支払うのが、ビジネスのモラル中のモラルです。

　さて、単純ミスではなく、お金がないから払えないという状態だとしたらどうでしょうか。みなさんは、いついつまでには必ず払うから待ってくれといわれたらどうするでしょうか。ない袖は振れないので待ってくれといわれたらどうするでしょうか。

信用は両刃の剣

　判断のポイントは、その会社が信用できるかどうかでしょう。本当に先延ばしにした期日に払ってもらえそうかどうか。銀行が貸付を行うのは返済の当てがあるからであり、入金を待つのもそれと同じことです。

　ビジネスの取引は、互いの信用の上に成り立っています。現金

がすぐ手元になくても、信用をもとにした後払いが可能です。約束手形であれ、現金振込であれ、信用がある限り会社は周囲から存在を許されます。逆に、信用を失い、将来においても支払えそうもないと判断されるなら、なんとしてでも今すぐ返せ、となります。

しかし、どんなに催促され、どんなに努力をしても支払いの目処が立たないときがあります。会社が死ぬ瞬間はこのときです。万策尽き、経営者が資金繰りの努力を放棄したときに会社は死にます。

皮肉なもので、もともと支払い能力が疑われていれば、売り手は現金取引しか応じないでしょう。なまじ信用があるからこそ後払いを許し、そこに支払いの義務、すなわち債務が発生し、倒産の原因となるのです。パナソニック創業者の松下幸之助氏が「資金の少なさを憂うなかれ。信用のたらざるを憂うべし」といったのはこのようなことです。

土地などの担保があれば当面の信用は得られるでしょう。しかし、そのような財産はいつかは食いつぶします。そのときに戦略、すなわち将来の展望が問われます。会社を殺さないためには、常に将来の希望をつくり続けなければいけないのです。

第2章のまとめ

✔ 企業価値を上げる5つの基本課題
- ①財務基盤の確立
- ②収益性の向上
- ③売上を上げる
- ④競争力の形成
- ⑤事業領域の選定

✔ 貸借対照表
- 財産目録／お金の出どころ

✔ 資金調達の方法とコスト
- 自己資本と負債
- 会社のリスクにより資本コストが変わる

✔ ビジネスの死
- 支払えなくなったとき／信用がなくなったとき

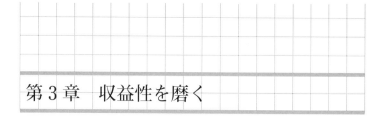

第3章　収益性を磨く

1　ROAという代表指標

収益性を示す代表指標：ROA

　ここからは、企業価値を上げる基本課題の「②収益性の向上」について考えていきます。会計情報をもとに収益性に関するビジネスの課題を発見し、改善活動を推進することがテーマです。

　会計情報は帳簿に記録された売買の記録がもとになっています。したがって、それは過去の情報です。過去の情報は、会社の将来の利益の期待値である企業価値を直接表すものではありませんから、会計情報をもとにした経営分析は、あくまでも将来の企業価値を類推するものです。会計情報から企業価値を類推する切り口は、一般的に「収益性」「安全性」「成長性」の3点です（**図3.1**）。

〈図3.1　企業価値の類推指標〉

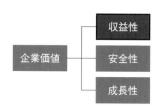

〈表3.1　上場企業のROAランキング〉

順位	銘柄名	使用総資本経常利益率（％）	業　種
1	カカクコム	52.84	サービス
2	タブスタ	46.33	サービス
3	ディップ	40.88	サービス
4	アカツキ	40.72	サービス
5	日本M＆A	37.22	サービス
6	ブレインP	36.99	サービス
7	SECカーポ	36.37	窯　業
8	Fスターズ	34.65	サービス
9	ZOZO	34.36	小売業
10	ATAO	33.76	小売業

（資料）　日本経済新聞社のホームページを基に作成（http://www.
　　　　nikkei.com/markets/ranking/page/?bd=roa）。2019年9月
　　　　27日更新分。

　安全性の分析は第2章で解説しました（53ページ参照）。本章の
テーマは「収益性」です。ここで主役になる会計指標はROA
（Return on Assets：総資本利益率）という指標です。これは、ビジ
ネス活動から得られた利益（経常利益）を、活動の母体である会社
の全財産（総資産・総資本）で割ったものです。その値は、ビジネ
スに投下されているすべてのお金を元手にした運用利回りを表し
ます。ROAはお金を有効に使っているかどうかを示す指標であ
り、数ある会計情報による分析指標の中で最も重要なものです。

$$\text{ROA（Return on Assets）} \atop \text{［総資本経常利益率］} = \frac{経常利益}{総資産（期首・期末平均）} \times 100$$

　表3.1は2019年9月時点の上場企業のROAランキングです。資

〈表3.2　収益性を測る主な指標〉

指　標	式	意　味
ROA (Return on Assets)	経常利益÷総資産	企業活動に使用されている総資産（資本）の利回り。銀行借入を含め、お金がどれだけ効率よく活用されているかを測る。
ROE (Return on Equity)	当期純利益÷純資産	株主目線での収益率を測る指標。株主のものである純資産がどれだけ効率よく活用されているかを測る。分子は、税金支払い後の正味の利益（当期純利益）を用いる。
ROIC［投下資本利益率］(Return on Invested Capital)	税引後営業利益÷（純資産＋有利子負債）	純資産および有利子負債といった、意図的に調達した資金（投下資本）の利回りを表す。分子は、支払利息などの資金調達費用などを除外して調整した値を用いる。

産規模が小さいサービス業が上位を占めています。なお、ROAの分母の総資産は、具体的には期首と期末の平均値で計算します。

収益性を測るその他の指標

　収益性の評価は、投入した金額とリターンの割合です。ROAの他に、**表3.2**のような収益性の指標があります。それぞれの意味を理解し、目的に応じて使い分けるようにしてください。

2　収益の実態を理解する

損益計算書

　ROAを計算するためには、「利益」と「会社の全財産」の算出

〈表3.3　トヨタ自動車の損益計算書（2019年3月期、単体）〉

（単位：百万円）

		前事業年度 （自　2017年4月1日 至　2018年3月31日）	当事業年度 （自　2018年4月1日 至　2019年3月31日）
A	売上高	12,201,443	12,634,439
B	売上原価	9,599,363	9,991,345
C	売上総利益	2,602,080	2,643,093
D	販売費及び一般管理費	1,344,536	1,316,956
E	営業利益	1,257,543	1,326,137
	営業外収益		
	受取利息	61,375	97,595
	受取配当金	802,702	796,372
	その他	155,378	152,073
F	営業外収益合計	1,019,456	1,046,041
	営業外費用		
	支払利息	5,884	9,320
	その他	32,974	39,735
	営業外費用合計	38,859	49,056
G	経常利益	2,238,140	2,323,121
J	税引前当期純利益	2,238,140	2,323,121
	法人税、住民税及び事業税	404,900	444,000
	法人税等調整額	△26,072	△17,702
K	法人税等合計	378,827	426,297
L	当期純利益	1,859,312	1,896,824

方法を知る必要があります。それぞれ、利益は「損益計算書」、財産（資産）は「貸借対照表」というフォーマットで計算されます。貸借対照表については第2章で解説しました（51ページ参照）。本章では、損益計算書について説明します。

　損益計算書は期間の収益を示します。PL（Profit and Loss：ピーエル）と略すことがあります。損益計算書の主な項目は下記の通りです（**表3.3**）。

A：売上高

　製品やサービスを販売し、買い手から得られた対価です。売り上げた金額を積み上げますが、どの時点をもって「売れた」とみなすかという理解が必要です。スーパーなどの店舗であれば、買

い手がレジでお金を支払ったときです。製造業では通常、製品倉庫から製品を積んだトラックが出発した時点で売上となります。

B：売上原価

　売上原価は、製品やサービスに直接関わる経費です。製造業であれば「製品原価」と呼ばれ、原材料、工場などの直接製造に関わる人件費（労務費）、生産設備の減価償却費、製造に関わる光熱費などを含みます。

　減価償却とは、建物や機械など、数年以上の長期にわたって利用するものの費用計上方法です。これらは取得した時点に一括では経費として計上しません。そうすると、取得した年だけ必要経費が大きくなりすぎてしまい、単年度の会社の業績が適切に計算されないからです。したがって、取得金額を一旦、貸借対照表の資産に計上し、使用する期間に分散させて単年度の経費（減価償却費）とし、損益計算書の費用として計上します。

C：売上総利益（A − B）

　売上から売上原価を引いたものが売上総利益です。「粗利」と称することもあります。これは、製品やサービスの付加価値を示します。

D：販売費・一般管理費

　本社経費や営業費用など、製造に直接関わらない事業運営に要した費用です。

E：営業利益（C−D）

　本業での利益を示します。これがビジネスの基本的な成果ということができます。

F：営業外収益・費用

　会社の本業とは異なる継続的な収入や費用です。費用の代表的なものは、借入金の支払利息です。

G：経常利益（E＋F）

　「経常」とは、「継続的」という意味です。単年度の特殊な利益変動を除いた利益であり、ビジネスの継続的な推移を見るのに適した数字です。

H：特別利益・損失（※表3.3のトヨタ自動車の例では該当項目なし）

　その期間に特有の特別な収入や損失です。たとえば、ある年に長期保有していた土地を売却し、利益を得た場合などに計上します。

J：税引前当期純利益（G＋H）

　経常利益に特別利益・損失を加えたものです。

K：法人税等

　「税引前当期純利益（J）」にかかる税金（法人税・住民税・事業税など）です。

L：当期純利益（J－K）

　最終的に会社が自由に使えるお金です。株式配当、役員賞与、内部留保などに配分します。

国をまたがった収益実態の比較

　国により、減価償却の規則の違いや、税制の違いがあります。所在国が異なる会社の収益を比較するときは、このようなビジネスの成果に直接関係しない要素を排除して比較する必要があります。

　また、財務諸表の細かい記帳ルールも国によって異なるので、それらを統一しようという動きもあります。ヨーロッパを中心とした国際会計基準（IFRS）や米国会計基準が主なものです。たとえば、トヨタ自動車の連結決算では米国会計基準が採用されており、損益計算書は**表3.4**のように記述されています。

　詳細の解説は専門書に委ねますが、たとえば「経常利益」の項目が見当たらないことに気がつくでしょう。本書ではROAの計算に経常利益を用いていますが、このような会計基準の帳票をもとに計算するには、「税金等調整前当期純利益」などの利益項目を使うような工夫が必要になります。

3　収益性を分析する

ROA を分解して収益性を分析する

　ROAは、「売上」という変数を間にはさむことで、「売上高利益率（経常利益÷売上高）」と「総資本回転率（売上高÷総資産）」に分解できます。下記の式から、ROAを上げるには、売上高利益

〈表3.4　トヨタ自動車の損益計算書（2019年3月期、連結、米国会計基準）〉

（単位：百万円）

	前連結会計年度 （2018年3月31日に 終了した1年間）	当連結会計年度 （2019年3月31日に 終了した1年間）
売上高		
商品・製品売上高	27,420,276	28,105,338
金融収益	1,959,234	2,120,343
売上高合計	29,379,510	30,225,681
売上原価並びに販売費及び一般管理費		
売上原価	22,600,474	23,389,495
金融費用	1,288,679	1,392,290
販売費及び一般管理費	3,090,495	2,976,351
売上原価並びに販売費及び 　　一般管理費合計	26,797,648	27,758,136
営業利益	2,399,862	2,467,545
その他の収益・費用（△）		
受取利息及び受取配当金	179,541	225,495
支払利息	△27,568	△28,078
為替差益〈純額〉	22,664	12,400
未実現持分証券評価損益	――	△341,054
その他〈純額〉	45,948	△50,843
その他の収益・費用（△）合計	220,567	△182,020
税金等調整前当期純利益	2,620,429	2,285,465
法人税等	504,406	659,944
持分法投資損益	470,083	360,066
非支配持分控除前当期純利益	2,586,106	1,985,587
非支配持分帰属損益	△92,123	△102,714
当社株主に帰属する当期純利益	2,493,983	1,882,873

率を上げるか、総資本回転率を上げるかのどちらかが必要であることが分かります。

$$\text{ROA} = \frac{\text{経常利益}}{\text{総資産（期首・期末平均）}} = \frac{\text{経常利益}}{\text{売上高}} \times \frac{\text{売上高}}{\text{総資産（期首・期末平均）}}$$

ビジネスは売上を通じて利益を得る活動ですから、売上を中間

の変数とするのは妥当でしょう。もし売上高利益率が一定であれば、売上が上がれば上がるほどROAは向上します。売上に伴って利益額が比例的に上がり、「総資本回転率（売上高÷総資産）」が向上するからです。したがって、売上高利益率向上にこだわるあまり売上を減らして縮小均衡させることは、必ずしもROAを向上させないことに注意が必要です。なお、売上を上げることはROA向上のための重要な課題ですが、これはマーケティングの領域ですので、第Ⅱ部「マーケティング思考」で取り上げます。

売上高経常利益率を上げる

$$\text{ROA} = \boxed{\frac{\text{経常利益} \blacktriangle}{\text{売上高}}} \times \frac{\text{売上高}}{\text{総資産（期首・期末平均）}}$$

ここでは、売上高経常利益率を向上させる方法を考えます。以下は、経常利益を導く損益計算書の計算過程から得られる、特に重要と考えられる視点です。

①売上高総利益率を上げる→売上高原価率を下げる

$$\text{売上高総利益率} \blacktriangle = \frac{\text{売上高} - \boxed{\text{売上原価} \blacktriangledown}}{\text{売上高}}$$

売上高総利益率は、業種によって著しく異なります。このことだけで、物理的な原材料などの価格（原価）と商品の価値は切り離されたものであることが分かるでしょう。薬品や化粧品は、売上高総利益率が高い商品の代表例です。

さて、「売上高－売上原価＝売上総利益」ですから、売上高が

一定とすれば、売上高総利益率を上げる主な課題は売上原価をいかに下げるかになります。製造業であれば、原価の主な構成要素は原材料費、労務費、設備の減価償却費であり、これらをどのようにコントロールするかが課題です。

1) 原材料費を下げる

　原材料費を下げる方策として、より安価な材料に切り替えたり、より低価格な仕入れ先から調達することがすぐに思いつきます。一方で、特殊品から標準品に切り替える、材料のムダをなくす、部品を共通化して購買量を上げて単価を下げるなどの工夫も必要になります。

2) 労務費を下げる

● 人の生産性を上げる

　同じ労働の量（人件費）で生産量を高くすることです。1人の作業者が複数の工程ができるようにして作業のムダをなくす、製造に人が関与する度合いを低くする、人の作業を機械に置き換える、などが考えられます。

● （製造に関わる）賃金を下げる

　これは、往々にしてより賃金の安い地域で生産するという判断に向かいます。生産拠点を賃金の安い国に移転するといったことです。

● 設備の生産性を上げる

　生産設備の稼働率や操業スピードを上げたり、不良率を下げたりして、設備の時間あたり生産量を増やすことです。

3) 減価償却費を下げる

　減価償却費を下げるには、新規の設備投資をせずに、償却負担の軽くなった古い設備を利用することが考えられます。ただし、

この発想は、原材料費や労務費負担が逆に増えるような、効率の悪い設備を使うことにもなりかねないので注意が必要です。

②売上高営業利益率を上げる→売上高販管費率を下げる

$$営業利益率 \uparrow = \frac{売上総利益 - \boxed{販売費・一般管理費 \downarrow}}{売上高}$$

「販売費及び一般管理費」に計上される人件費は、製造に直接関わらない人員の費用です。給料以外にも会社が負担する社会保険、福利厚生費、退職金制度があればその積立金などを含みます。会社は給料以外にも相当額を社員に対して支出しており、社員が給料として受け取る額よりはるかに多くのコストがかかっています。

継続的な雇用を前提とした社員（いわゆる正社員）の費用は、売上や操業度の変動に影響を受けない固定費として認識されます。昨今、単純な事務作業などの定型的・補助的な業務は、臨時雇用、派遣労働、外部委託などでまかなうことが多くなっています。そのような流れの中で、組織に継続的に関わり、固定費とみなされる社員はどのような仕事をすべきでしょうか？　まさにそれこそが本書のテーマといってよいでしょう。

なお、「販売費及び一般管理費」には、広告宣伝費、営業人員の人件費など、マーケティング活動の費用が含まれます（マーケティングの費用項目に関しては、第5章117ページ参照）。

③売上高経常利益率を上げる→営業外損益を上げる

$$経常利益率 \uparrow = \frac{営業利益 + 営業外損益 \uparrow}{売上高}$$

　会社は、役所に提出している定款で事業の範囲を定めています。定款に記載した事業の収益は「売上」となり、それ以外のものは「営業外収益」となります。

　1990年前後のバブル経済の時期、本業以外の不動産業やゴルフ会員権の売買など、営業外の利益の獲得に躍起になっていた日本企業は少なくありません。本業のアイデアが乏しくなると、営業外の活動にエネルギーを注ぎがちになりますが、それは賢明ではありません。営業外損益に過度にこだわらず、本業の将来価値を高めることこそ、ビジネスパーソンに求められる仕事です。

経験効果と標準化

　ここまで、さまざまなコストダウンの切り口を見てきました。一般的にコストは、同じ仕事を繰り返し行い、習熟するにつれて下がっていきます。製造工程も、販売活動も、経験を積めば積むほど上手になっていき、ムダがなくなり、生産性が上がるからです。特に製造部門において、製品をつくればつくるほど、すなわち累積生産量が大きくなればなるほど生産性が高くなり、利益幅が大きくなっていくことを「経験効果」と呼びます。

　裏を返せば、仕事の内容をころころ変えてはコストは下がらないということです。仕事を標準化し、繰り返し行うことがコストダウンには重要なのです。また、未経験者をいち早く戦力とするにも、標準化された仕事、マニュアル化された仕事は有効です。

このように、ビジネスの収益性を上げることを目的にすると、仕事の標準化を進める方向へ向かいます。

総資本回転率を上げる

$$\text{ROA} = \frac{経常利益}{売上高} \times \frac{売上高}{総資産（期首・期末平均）}\ \uparrow$$

　総資本回転率は、売上を上げるのにどれだけの資産を要しているかを考える指標です。分子は売上高であり、分母は貸借対照表の総資産です。年間の売上と同じ額を資産に投じていれば、回転率は「1回転」です。その半分の資産で同じ売上を上げているのなら「2回転」です。資産に投じたお金が、売上という形で年間何回戻ってくるかという指標です。総資本回転率は、数字が大きい方が効率的なビジネスということができます。売上が同じであれば、少ない資産で上げた方が効率がよいということです。

　売上を一定とみなすなら、回転率を向上させる取り組みは、売上に影響がないようにできるだけ資産を減らす取り組みです。言い換えれば、身軽な経営を指向するということです。では、貸借対照表の資産項目のなにを減らすことができるでしょうか。多くの会社で取り組んでいる典型的なものは在庫を減らすことです。必要以上の在庫を抱えることは、それだけ不必要な資金を費やしていることになります。在庫は買い手にわたり、対価を得られて初めて金銭的価値を持つものですが、貸借対照表上は、費用を費やして原材料を貯蔵したり、製造して製品倉庫に入ったりした時点で「資産」となります。売れる当てがある以上は文字通り資産ですが、その確証が低ければ、価値のないムダな物体にすぎませ

ん。したがって、売れることが確実なものとそうでないもので在庫の意味が変わります。在庫は悪だといわれる背景には、製品の陳腐化が早くなり、時間が経てば経つほど売れる可能性が減るという前提があるわけです。

　また、売上債権を減らすことも重要な取り組みです。売上債権とは、貸借対照表上の売掛金と受取手形のことです。これらは販売活動の結果として生じる債権ですが、この金額が増加傾向にある場合、運転資金が増えていることを意味します。売掛金回収を早くしたり、手形の期日を早くしたりすることで運転資金が少なくなり、資本回転率が向上します。

　必要以上に立派な本社、オーバースペックの生産設備などの過剰な固定資産も、企業価値の観点からはまったく歓迎されないものです。変化が激しい時代では、機動的なビジネスが志向されています。できるだけ身軽な資産で売上を上げるのが賢いビジネスといえるでしょう。

第3章のまとめ

✔ ビジネスの利回り

　　ROA ＝経常利益÷企業の総資産

✔ 損益計算書

　　期間の収益

✔ ROA を上げる視点

　　売上高経常利益率（＝経常利益÷売上高）を上げる

　　資本回転率（＝売上高÷総資産）を上げる

　　経験効果と標準化

第Ⅱ部

マーケティング
思考

Marketing

第4章　売れるしくみをつくる

1　売上を偶然に委ねない

売上を上げる方法を考える

　第Ⅱ部では、ビジネス活動の本丸、売上を上げることについて考えていきます。

　「第Ⅰ部　会計思考」では、ビジネスの成果および意思決定の基準を解説し、「戦略思考のしくみ」の第1ステップとして、戦略目標をどのように設定すべきかについて考えてきました。しかし、会計思考はあくまでなにがゴールであるかを示すまでがその役割です。残念ながら、会計思考はゴールの方法についてはなにも語ってはくれません。ここからは、シュートの決め方、すなわち売上を上げるための思考にテーマを移します。

　私たちは、お金を費やして製品やサービスをつくり、買い手に提示します。買い手はその製品の価値と価格のバランスを吟味し、それが妥当だと判断すれば対価を支払い、売上としてお金が戻ってきます。ただ戻ってくるだけでなく、費やしたお金より多くのお金が戻ってきます。この繰り返しが企業価値を生み出します。このメカニズムがビジネスの心臓であり、ビジネスの生命の源です。

売上の分解式

　マーケティングを考える前提として、売上を導く式を考えます。売上をどのような要素に分解するかで思考の矛先が変わることを確認してください。

売上の分解式①：売上＝価格×数量

　製品価格に販売数量をかけたものです。意識の焦点は製品（サービス）のコントロールに向かい、製品をつくる内部のオペレーションに意識が向けられます。どれだけの量の製品をつくるか、そのためにどれだけの設備と人員が必要か、できた製品をどのくらいの広さの倉庫に保管するか、などです。したがって、組織内部のマネジメントには有効ですが、買い手や社会全体には意識が広がりません。

売上の分解式②：売上＝客単価×客数

　販売の局面を意識したものです。お客さん1人がどの程度購買するか、およびお客さんの数に売上を分解します。意識の焦点はお客さん（買い手）であり、マーケティング思考で着目するのはこの関係です。

　マーケティング思考は組織の外にいる買い手に目を向け、視点を買い手に置きます。天空からの航空写真や普段見ることのない角度で自分が映る三面鏡のように、見慣れない視点から社会を見ます。買い手がどのように製品やサービスを選択するかといった、買い手から見える世界を定義し、そこに向けて持っている技術やノウハウを活用するのです。

売上の分解式③：売上＝市場規模×市場シェア

　まず、当該ビジネスにはどの程度の規模の市場があるかを考え
ます。市場規模とは通常、ある範囲の市場の1年間の売上金額合
計を指します。その上で、自社のシェアを考慮し、売上を算出し
ます。全体の需要の大きさを前提に競争相手との関係を考慮する、
戦略思考の発想ということができます。

売上を偶然に委ねない

　さて、私たちが売上をいかに上げるかを考えるとき、偶然とは
違う必然をつくりたいと考えます。売上は買い手の自由意志の結
果ですが、できるだけ買い手の心理や行動をコントロールして、
必然的な売上をつくりたいのです。売上を偶然や人まかせにせず、
自力で売上をつくる能力を持ち、企業価値を上げたいのです。先
ほどの「売上の分解式②　売上＝客単価×客数」に着目し、売
上の不確実性を低くするための課題を整理すると次のようになり
ます。

①顧客の維持・拡大

　客数を増やすことの不確実さを減らすためには、1度買ってく
れた買い手にリピーターになってもらう必要があります。このこ
とは、継続的に買い手となる可能性のある「顧客」を維持・拡大
することと表現できます。

②売れるしくみづくり

　もう1つは、客単価と客数が望ましいバランスになるように、
価格設定と売上獲得の手段（製品、広告宣伝、販売活動など）をコン

〈図4.1　3つの思考が目指す成果の時間的な違い（再掲）〉

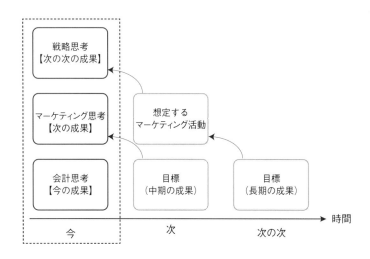

トロールすることです。このことは、一般的に「売れるしくみづくり」と称されます。

　マーケティング活動には、その制約条件として利益目標が設定されているはずです。図4.1のように、「次の成果」の利益目標が会計思考により定められ、それを踏まえてマーケティング活動を企画します。したがって、要求された利益目標を達成するように「売れるしくみ」をつくることが課題となります。

マーケティングの定義

　ここまでの議論をまとめて、本書では次のようにマーケティングを定義します。

【本書でのマーケティングの定義】

> 顧客の維持・拡大を目的とし、利益目標を制約条件として売れるしく
> みをつくること

　目的は「顧客の維持・拡大」であり、利益目標は「売れるしく
み」をつくる上での制約条件としています。会計思考でお金に向
けられていた意識を、マーケティング思考では顧客に向けます。
　ちなみに、アメリカ・マーケティング協会（AMA）のマーケテ
ィングの定義は次のようなものです。

　Marketing is the activity, set of institutions, and process-
es for creating, communicating, delivering, and exchanging
offerings that have value for customers, clients, partners,
and society at large.（Approved 2017）(https://www.ama.org/
the-definition-of-marketing-what-is-marketing/)

　マーケティングとは、顧客、依頼人、パートナー、社会全体
にとって価値のある提供物を創造・伝達・配達・交換するため
の活動、一連の制度、プロセスである。（2017年改訂）

本書の定義よりも広い範囲をカバーし、ビジネスそのものの定
義といってもよいくらいです。AMAでは、数年に1度、マーケ
ティングの定義を改訂しており、上記の定義は2017年に改訂さ
れたものです（ちなみに、2007年の定義と同じです）。このことは、
時代とともに、マーケティングで扱うテーマが変遷していること
を意味しています。

どのような言葉が正確にマーケティングを表すかといった、学術的な議論は専門の研究書にまかせましょう。本書では、「顧客」と「売れるしくみ」を軸に、売上を偶然に委ねない思考方法に焦点を当て議論を進めます。

2　未来の買い手を増やす

顧客とはなにか

　売上を偶然に任せないということは、お客さんが安定的・継続的に増えている状態にするということです。そのためには、1度お客さんになった人をリピーターにすることが必要になります。今の買い手をいかに満足させ、次の購買の可能性をいかに高めるか。また、今は買い手でない人にどうアクセスし、買ってもらい、さらに次の購買の可能性につなげるか。これらは、ビジネスの安定におおいに貢献します。このような、次の購買が期待できる買い手を「顧客」と呼びます。

　「買い手」は、顕在的および潜在的な需要全体を指します。「顧客」は、「買い手」の中で継続的に自社に関心を持ち、機会があれば将来買ってくれる可能性のある人のことです。今すぐ買ってくれなくても、いずれ買ってくれる可能性を持っている人です。マーケティング活動は、このように長く付き合いたいという意図を持った「顧客」に向かって行われます。顧客は社会全体の人々の一部ですから、「顧客を絞り込む」という発想になります。買い手は自由意志で製品（サービス）を選びますが、売り手も意図を持って顧客を選ぶのです。

　ある「買い手」が「顧客」に進化するには、製品（サービス）の

利用経験、アフターサービスなどのコミュニケーションも含めた満足感が大事になります。売り手としては、目の前の売上、すなわち購買意思決定の瞬間への目線と、将来の売上、すなわち継続的な満足への気配りの両方が必要になります。

　数多くの経営書を記したP．F．ドラッカー氏は、会社の目的は「顧客の創造」であると説きました。顧客という将来の購買候補者のストックを増やすことが、企業価値の向上に決定的な重要であることを示しています。継続したビジネスによって、顧客を積み上げていくのです。

　顧客を維持・拡大していくことは、将来の事業の成果向上につながりますから、マーケティング活動は投資だということもできます。また、それは私たちが守るべきビジネスの倫理でもあります。粗悪なものを売りっぱなしにして、「後は知らない」は通用しないからです。さらに、顧客の維持・拡大を狙いにすると、ブランドを築くという発想が必須になります。

　ここからの説明では、「買い手」という言葉の代わりに、意図された対象として「顧客」という言葉を使っていきます。ただし、購買のメカニズムなど、一般的な解説の際は「買い手」という言葉を使います。

ブランドはどんな会社にも必ず必要

　「顧客の維持・拡大」を目的にすると、買い手との取引は1度きりではなく、将来にわたって複数回行われることが前提となります。そうなると、1つひとつの製品（サービス）の良し悪しだけではなく、それらを提供する組織（会社）の評価が重要になります。この会社と将来も付き合っていく気があるかどうかが問題に

なるからです。したがって、継続的な価値提供を保証する記号、すなわち「ブランド」が不可欠になります。

　ブランドという言葉は、「焼き印を押す」を意味する"Burned"から派生した言葉です。放牧してある自分の牛を他人の牛と識別するためにつけた印です。ブランドは、他の製品と自社の製品を区別するネーミングやシンボルマークです。ブランドにより、製品やサービスから、それらを担う人の集団に関心が向けられます。

　たとえば、私は出張用のバッグとして、米国のZUCA（ズーカ）というブランドのバッグを持っています。このバッグの特徴は、頑丈な金属の骨組みでできた直方体で、腰かけることができるということです。混雑した駅のホームや待合室で、ベンチを探さなくても座ることができ、行動の自由度が増します。さらに、衣類などを小分けにして収納できるインナーケースがついていて、空間を無駄なく使い、すっきりと収納することができます。飾りのないシンプルなデザインで、ZUCAを知っている人は一目でそれと分かります。ブランドというと高級ブランドを想起する方も多いでしょうが、なにも高級ブランドだけのことではありません。ZUCAのような実用的なものでも、そのネーミングでくくられた製品群にある共通の価値を見出すなら、それはブランドということができます。

　さて、ブランド品を持つことのうれしさはなんでしょうか。それは製品（サービス）を通じた1つの社会集団に属している安心感、所属感です。先の例でいえば、ZUCAを持っている人を見かけると、活動的で機能的なものを好み、個性的なものを持ちたいという感性の人ではないかと勝手に想像してしまいます。それはス

ポーツでチームのユニホームを身にまとう一体感に近いものです。製品そのものの機能的価値を超えた、そのブランドを所有すること自体が価値なのです。

　顧客と継続的に付き合うことを前提とすると、ブランドを認知してもらうことはあらゆるビジネスにとって必須です。大企業であろうと、街の居酒屋であろうと、個々の製品（サービス）ではなく、継続的に顧客の記憶に残るブランドに対して価値を認知してもらわないといけません。法人を顧客とするビジネスであっても、「〇社さんなら信用できる」「〇社さんと取引できる会社になりたい」といってもらえるなら、立派な企業ブランドです。

　ブランドはあった方がよい、というものではありません。あらゆるビジネスにとって、顧客の心に住み着くブランドを築くことが不可欠です。

3　売れるしくみをつくる

マーケティングの4P

　さて、「売れるしくみ」の要素はどのようなものでしょうか。まず、お金をいただく理由になるもの、すなわち「製品（Product）」が必要になります。もちろん、その製品には「価格（Price）」をつけます。次に、製品を売る場の設定、製品を届ける経路が必要です。小売店で売る、ネットで売るといったことです。これは「流通（Place）」です。さらに、製品の存在を知らしめる「販売促進（Promotion）」も必須です。これら4つの手段は、英語の頭文字を取って一般的に「4P」と呼ばれています。この4Pがマーケティングの施策であり、マーケティング思考のアウトプッ

トです。

　ちなみに、4Pというフレームはマッカーシーという人が1960年代に整理したものなので、ビジネス界では随分と息の長い言葉です。この4Pはそれぞれ単体で存在するのではなく、合わせ技だということで「マーケティングミックス」とも呼ばれます。これらの売り手の施策は、購買される確率が高くなるように組織的に立案されるものなので、「売れるしくみ」ということができます。

　さて、ここからの議論を進めるための事例として、ある自動車を購買したＡさんの架空のストーリーを記述します。

　Ａさんは、何回目かの自動車の車検を通した後に、来年も車検を更新するべきかどうかを思案していました。言い換えれば、車を買い替えるかどうかということです。今乗っている車は5人乗りのいわゆるセダンタイプで、特に不満があるわけではありません。むしろこれまでトラブルがなく、ガソリン代などの維持費は安く抑えられています。買い替える積極的な理由はないのですが、車のＣＭや折り込みチラシが気になっている自分に気がつきます。

　目に留まる車は人気のＸ社のＳＵＶ（スポーツ用の多目的車）タイプ。Ａさんが負担できる金額は200万円ほどです。下取り金額を上乗せすれば、その範囲内でも多くの車種があることを知っています。スポーツを趣味とするＡさんは、大きな荷物を載せられ、活動的なイメージの車に前から興味を持っていました。ネットや自動車雑誌を見る限り、どうやらＸ社の製品が機能と価格のバランスがよいようです。

ある休日に、奥さんと一緒にX社の販売店を訪れました。目当てのSUVの試乗をしましたが、思いのほか大きなサイズにＡさんは少し戸惑いました。奥さんも運転する機会がありますが、明らかに大きな車を嫌がっている様子。奥さんの本音は「別に今の車でいいじゃない」という感じです。

　販売店の担当者は、「荷物の収納を重視するなら、ワゴンタイプという選択肢もありますよ」と新たな提案をします。「ワゴンタイプですが、実はスポーツタイプで、運転が好きな人には断然こちらがお奨めです」。これならサイズ的にも奥さんの了解は得られそうです。

　担当者に促されてこちらも試乗したところ、Ａさんは驚きました。フロントガラス越しの視界のよさ、きびきびとしたハンドリング、アクセルとブレーキの反応のよさといった、これまで気にしていなかった基本性能の違いがはっきりと分かりました。運転とはこんなに楽しいものなのかと感動すら覚えました。奥さんも子供のような笑顔のＡさんを見て、まんざらでもありません。担当者は、この車がいかに走行性能を考えて設計されているか、運転席のメーターやボタンの配置1つひとつに意味を持たせているかを熱心に説明します。「徹頭徹尾、ドライバーファーストの車ですよ」との言葉もＡさんの心に刺さりました。

　早速、このワゴン車の見積もりを取りましたが、残念ながら少しばかり予算オーバーです。とはいえ、ほかの出費を切り詰めれば買えない金額でありません。Ａさんはいったん家に持ち帰り、奥さんを説得することにしました。

　家に帰り、早速このワゴン車の情報を集めました。メーカー

〈表4.1　マーケティングの4P〉

製　品 (Product)	「自動車そのもの」 ● きびきびとしたステアリング、反応のよいアクセル・ブレーキ性能 ● 馬力のある1500ccのエンジン ● 大きな荷物が積めるワゴンタイプ（5ドア）の乗用車
価　格 (Price)	● 200万円〜250万円
流　通 (Place)	「メーカー系列の販売店」 ● 気持ちのよい対応のスタッフ ● 豊富な試乗車の配備
販売促進 (Promotion)	● CM、チラシによる広告 ● ネット動画による「リアルな」レビュー ● 販売スタッフの製品提案

の公式サイトだけではなく、YouTubeでも自動車評論家から一般の人まで、多くの人が運転の楽しさをレポートしています。元来スポーツマンのAさんは、心のどこかで「運転して楽しい車」を求めていたのでした。

　Aさんは奥さんに対し、この車で趣味のスポーツだけでなく、家族の旅行も楽しく行けること、他の出費を抑えることなどを熱く語り、結局奥さんは購入を了解しました。

この事例から、Aさんが購買したX社のワゴンタイプの自動車の4Pを整理すると、**表4.1**のように記述できます。

　なお、本書では旅行商品、ホテルの宿泊サービスなど、モノではない無形のサービスも「製品（Product）」に含めて考えます。以降では、「製品（サービス）」という併記を基本とします。

顧客にとっての意味：４Ｃ

　さて、4Pを世に出すこと自体は、なにも特別なことではありません。どんな会社にも、なんらかの売上があるとすれば、必ず4Pは存在します。問題はそれらの質です。より多くの顧客に支持が得られ、収益が上がるように4Pの質を高めることです。

　4Pは売り手から見た、売り手の手段を表した言葉ですから、顧客にとっての意味を示した言葉を対応させることを考えます。「顧客価値（Customer Value）」、「費用（Cost）」、「利便性（Convenience）」、「コミュニケーション（Communication）」、という頭文字がすべてＣになる言葉を用いるので、「4C」と呼ばれています。4Pを立案する前提として、4Cをどのように定義するかが課題になります。

○顧客価値（Customer Value）

　「製品（Product）」に対応する言葉で、製品（サービス）によってもたらされる価値です。これが購買の中心的な理由であることに異論はないでしょう。先ほどの自動車の例でいえば、「運転する楽しみを提供する」ことを中心に置き、「走る、止まる、曲がるというマシンを操る楽しみ」といった定義が考えられます。

○費用（Cost）

　「価格（Price）」に対応する言葉です。顧客の金銭的な負担に関心を向けます。先の事例では、たとえば「（下取り込みの）実質負担額200万円～250万円」などと定義できるでしょう。

○利便性（Convenience）

　これは「流通（Place）」に対応し、顧客は製品の配達（納品）の迅速さや、ミスのない手配などの「便利さ」を求めるということを意味します。「利便性」は購買を後押ししますが、たとえそれが素晴らしかったとしても、購買を積極的な理由となる価値にはなりません。そもそもほしくないものを、隣の店で売っているから便利というだけの理由で買うことはありません。先の事例では、販売店スタッフの熱心で気持ちのよい対応、スピードが出せる試乗体験などといったことが挙げられます。

○コミュニケーション（Communication）

　「販売促進」に対応した言葉です。販売促進という言葉は、売り手から顧客に対して一方的に働きかけるというニュアンスが強い言葉です。それに対してコミュニケーションとは、売り手と顧客の双方向のやり取りを示した言葉です。顧客の立場に立つと、自ら情報収集したり、疑問に対して問いかけたりすることも含め、どのような情報が得られたかが問題になります。先の例では、購買検討のきっかけとして車検のタイミングで情報がほしいことや、具体的な検討段階で評論家やユーザーの本音を知りたい（よいこともわるいことも）、動画などのできるだけ多くの情報を得たい、豊富な知識のスタッフから自分に適した提案がほしい、などの定義ができるでしょう。

　先の4Pの記述に4Cを対応させると、**表4.2**のように記述できます。
　売り手の課題は、顧客の頭の中の4Cを前提とし、さらに売り

〈表4.2　マーケティングの4Cと4P〉

	4C		4P
顧客価値	「運転する楽しみを提供する」 ●走る、止まる、曲がるというマシンを操る楽しみ、マシンとの一体感 ●スポーツ用具が積める収納力	製品	「自動車そのもの」 ●きびきびとしたステアリング、反応のよいアクセル・ブレーキ性能 ●馬力のある1500ccのエンジン ●大きな荷物が積めるワゴンタイプ（5ドア）の乗用車
費用	●実質負担額200万円〜250万円	価格	●200万円〜250万円
利便性	●販売店スタッフの熱心で気持ちのよい対応 ●スピードが出せる試乗ルートで性能を実感できる	流通	「メーカー系列の販売店」 ●気持ちのよい対応のスタッフ ●豊富な試乗車の配備
コミュニケーション	＜きっかけ＞ ●車検のタイミングで情報がほしい ＜具体的な検討＞ ●評論家やユーザーの本音を知る（よいこともわるいことも） ●動画などのできるだけ多くの情報を得る ●豊富な知識のスタッフから自分に適した提案がほしい	販促	●CM、チラシによる広告 ●ネット動画による「リアルな」レビュー ●販売店スタッフの製品提案

手の働きかけによって自社に有利な4Cに導くことです。しかし4Cは売り手が直接的にコントロールすることはできません。呪術による洗脳で顧客の心を操作することなどできません。

　一方で、Aさんの4Cは、Aさんが独自に思いついたものではなく、売り手のさまざまな働きかけがあって想起されたものということもできます。この4Cに間接的に影響を与えるように4Pを設計し、お客さんの能動的な購買行動を後押しすることが私たちの狙いです。

ターゲティング

購買の意思決定は、顧客のきわめて個人的な決定です。同じ製品を前にしても、顧客1人ひとりの頭の中で、別々の判断が働いています。しかし、人によりまったく違うかといえば、そういうことでもありません。自動車であれば、先のＡさんのように運転する楽しみを望む人も一定数いるでしょうし、大勢の人が乗れることを重視する人もいるはずです。

このように、人の好み、嗜好にはなんらかの共通性があり、いくつかのまとまった集団があると考えることができます。購買に影響を与える要因、すなわち4Cが共通する人たちです。そのような、ある共通の価値観を持った人の塊をマーケティング企画の狙いとすることを「ターゲティング」といいます。もちろん、そのターゲットは、将来の購買の可能性を持った「顧客」なので、「顧客ターゲット」と呼ばれます。4Cがどのように想起されるのかを考えるために、顧客ターゲットを定めることは必須です。

ターゲティングは、「した方がよい」とか「しなくてもよい」といった問題ではありません。マーケティング施策を企画するときには「必ず想定している」ことであり、それが意識的に行われているか、暗黙の前提で行われているかの違いだけです。言い換えれば、注意深くターゲティングが行われているか、漠然と行われているかの違いです。ターゲティングが漠然としていると、マーケティング施策もぼんやりしたものになります。だれに喜んでほしいか分からない、だれにとっても楽しくない中途半端な施策になります。

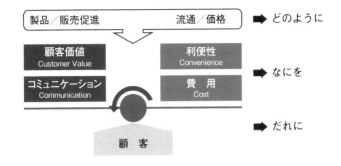

〈図4.2　マーケティングの骨格〉

価値と障害の天秤

　ここまでの話をまとめると、顧客はどのような人か（だれに＝ターゲティング）、どのような価値を提供するのか（なにを＝4C）、どのような手段で実現するのか（どのように＝4P）、の3つの要素がマーケティングの骨格とみなすことができます。マーケティングの企画とは、この「だれに」「なにを」「どのように」を規定することです。

　これらを図式化し、顧客の購買意思決定を視覚的に表現したのが**図4.2**です。ターゲットとする顧客が、ある製品（サービス）を目の前にしたときに、その購買を後押しする要素と障害となる要素を天秤にかけることをイメージしてください。購買を後押しする要素は、4Cの中の「顧客価値」と「コミュニケーション」であり、それらを天秤の左側に置きます。購買の障害となる要素は「利便性（本来的には不便を小さくするものなので、利便性が小さければ障害が大きく、利便性が高ければ障害が小さくなるものとみなします）」と「費用」で、天秤の右側に置きます。顧客が知覚するこれらの4C（なにを）に働きかけるのが、マーケティング施策の4P（どのよ

うに) です。

　この天秤において、購買を後押しする要素が障害となる要素を上回ったとき、イメージとしては天秤が左に傾いたときに顧客は購買すると考えることができます。一般消費者を対象とする消費財であれば個人的な意思決定でしょうし、法人を顧客とする産業財であれば、複数の個人や部門にまたがる組織的な意思決定になるでしょう。いずれにしろ、顧客の心理として、この天秤がどのように動いているかを想像し、マーケティング施策を検討する必要があります。

　なお、「だれに」「なにを」を組み合わせた表現を一般的にコンセプトと呼びます。「どのように」が具体的な形を伴った手段（4P）です。これらは企画においてバラバラにすることはできません。「どのように」がないコンセプトは単なる絵空事ですし、コンセプトのない「どのように」は単なる思いつきです。「だれに」「なにを」「どのように」の3つがそろって初めて企画と呼べるものになります。

顧客の代替案を消す

　価値と障害のバランスで買うか買わないかを決めるという行為は、顧客が「選べる」ことが前提になります。

　たとえば、筆者がコンビニでペットボトルのお茶を買いに行くとします。緑茶系ならどれでもよいと思って店に入ったとすれば、筆者の視点は値札に行きます。コンビニのPB（プライベートブランド）で安いのがあればそれを買います。さらに安い期間限定の値下げ商品があれば、迷わずそれを買うでしょう。ある特定のナショナルブランドの立場に立てば、「どれでもよい」という言葉

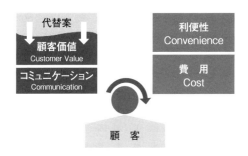

〈図4.3 代替案により価値が減った天秤図〉

代替案

顧客価値
Customer Value

コミュニケーション
Communication

利便性
Convenience

費用
Cost

顧客

で表される顧客の「代替案」が「顧客価値」を減らし、価格を下げなければ購買されないということになります（**図4.3**）。

　もしダイエットをしていて、ダイエット効果のある特定の飲料を飲むことに決めているなら、価格を下げなくても購買されます。この場合、その飲料の価値は独特であり、その顧客にとって代替案は存在しません。価値を減らす要素がないので、他の飲料よりも価格は高くすることができます。実際、ダイエット効果が認められたトクホ（特定保健用食品）は他の飲料よりも高価格で販売されています。このように、ある製品に価値を感じたときに、同様の価値をもたらす他の代替案があるかどうかで、相対的な価値の大きさが変わります。

　売り手はどうにかして他社と差別化した価値をつくり出し、価格が下がらないように努力します。逆に、もし顧客の立場でできるだけ安く買おうとするなら、代替案を持つことです。車を買うときの値引き交渉は、他メーカーの競合製品を引き合いに出すのが常套手段です。価格交渉に関しては、顧客は代替案を望み、売り手は顧客の代替案を消すことを望みます。

マーケティング施策を検討する差別化の視点

「だれに・なにを・どのように」の骨格から、マーケティング施策検討の視点が導かれます。企業価値を高めるために、できるだけ高い価格で販売することが基本的な課題になりますから、価格（顧客にとっての費用）が大きくても天秤が左に傾くように、製品・販促・流通の施策を検討することになります。

ここまで議論したマーケティングのフレームから、マーケティング施策を差別化する視点を考えてみましょう。差別化とは、マーケティング施策が顧客に受け入れられ、かつ競争相手よりも評価されるようにすることです。

さて、先ほど挙げたマーケティングの骨格図（**図4.2**）を見ると、まず「だれに」で差別化するという視点が得られます。他社と異なる顧客をターゲットとすることです。

次に、「なにを」で差別化することが示唆されます。4Cの各要素、「顧客価値」「コミュニケーション」「利便性」「費用」のそれぞれで差別化することです。その手段はもちろん「どのように」、すなわちマーケティング施策（4P）です。ここで強調したいのは、いくら手段としてのマーケティング施策を変えたところで、「なにを」、すなわち顧客が感知する4Cに合致しているか、あるいは自社に有利なように影響を与えられなければ意味がないということです。

さらに、個別の4Cではなく、業界における4Cの構造そのものを変えてしまうような施策、いわば競争のルール（ビジネスモデル）を変えてしまうような施策も考えることができます。たとえば、業務用のソフトウェア市場で、ソフトウェア自体を無料にして、追加的な有料オプションで対価を得るといったことです。

次章からは、それぞれの視点を詳しく見ていきます。マーケティング思考の起点は「だれに」ですから、そこから触れるのが本来の順番です。しかし、「だれに（顧客ターゲット）」を定めるには、人々が「なにを」求めているかの洞察が必要です。それを磨くには、血まなこになって人間を見つめるだけでは不十分です。なんらかの着想を得るためには、「なにを」「どのように」の知識をあらかじめ持っておかなければならないからです。したがって、先に「なにを」の差別化方法について詳しく見ていき、発想の手がかりとなる知識の引き出しを増やすこととします。

第4章のまとめ

✓ マーケティングの定義
　　顧客の維持・拡大を目的とし、利益を制約条件として
　　売れるしくみをつくること

✓ 顧客の維持・拡大
　　将来の購買が期待できる人を増やす
　　ブランドはどんな会社にも必ず必要

✓ マーケティングの骨格
　　価値の対価を得る
　　4Pと4C
　　顧客ターゲット
　　だれに・なにを・どのように

✓ 差別化の視点

第5章　高く売るための発想

1　製品——顧客価値を表現する

顧客を主語とした表現

　マーケティング施策の中心は、つくり込まれた製品や人の手によるサービスですが、企画段階では、それらによって実現されるべき顧客価値をどのような言葉を用いて表現するかが決定的に重要になります。

　第4章に挙げた自動車の例では、「走る、止まる、曲がるというマシンを操る楽しみ、マシンとの一体感」を顧客価値としていました。この顧客価値に対して対価が支払われるわけです。このように、価値を表す言葉は、「○○方式のステアリング」「○○製のサスペンション」といった具体的な製品仕様を示すものではなく、「マシンを操る楽しみ」「マシンとの一体感」といった抽象的なものになります。その抽象的な価値を乗せた物理的な実体が製品（サービス）です。

　あなたのビジネスはなにを提供しているのかと問われて、「自動車」「テレビ」「旅行」といった単なる名称を答えてはいけません。製品（サービス）の名前と価値は違います。「お茶」「ガム」「コップ」「カメラ」といった言葉は、価値を表す言葉ではありま

〈表5.1　顧客価値の表現方法〉

×	トランクの収納スペースが大きい
○	レジャー用の荷物を載せることができる

せん。これらは他のものと区別するためのカテゴリーを示した言葉です。目の前にペットボトルのミネラルウォーターがあり、「この水がほしい」と思っても、「水」は価値を表現した言葉ではありません。価値を表現するには、「喉の渇きをいやす」「口の中をさっぱりさせる」「気分転換する」「机の上にあってもおしゃれ」などの言葉を用いなければなりません。顧客は、買う瞬間にいちいちそのような言葉を頭に浮かべるわけではありませんが、心の中では必ずなんらかの価値を認めており、それにしたがって購買を判断します。

　顧客価値を言葉で表現するためには、顧客を主語とした表現を心がけるべきです。たとえば、自動車の「トランクの収納スペースが大きい」ではなく、第4章のＡさんの事例でいえば、スポーツ用具などの「レジャー用の荷物を載せることができる」といった具合です（表5.1）。そうすることで顧客の視点に立つことができ、多くの顧客が乗せる荷物はなんだろう、その中で最大のものはどのようなものだろうと想像が広がり、リアルな顧客価値にせまることができます。

機能的価値と情緒的価値

　顧客を主語にして語ると、「（顧客がその製品を使って）顧客の望みをかなえる」「不満を解消する」「喜ぶ」「驚く」「感動する」などといった言葉が想起されます。顧客の満足は顧客の主観的なも

のですから、多分に感情的な要素を含みます。そこで、「機能的価値」「情緒的価値」という区分が役立ちます。

　機能的価値とは、価値にあたるものを言葉で正確に表現することができ、その価値の優劣が客観的に評価されるようなものです。たとえば、自動車でいえば「経済的である（燃費がよい）」「加速がよい（馬力がある）」といったものです。

　情緒的価値とは、「デザインがよい」「エンジンのフィーリングがよい」などといった、顧客の主観的な評価に基づき、正確に言葉にすることが困難で、客観的に測ることができないものです。これは、しばしばその価値が顧客自身にもはっきりと意識されない場合があります。売り手は、ともすれば測定可能な機能的価値に目を奪われるあまり、情緒的価値をないがしろにすることがあります。主観的な感情に訴える情緒的価値に目を向けるには、見た目や触感などの五感に訴えるもの、心理に訴えるものに関心を持つことが重要です。

ポジショニング

　製品（サービス）の価値を表現する方法としてよく使われるものに、競争相手と比較したポジショニングマトリクスがあります。顧客から見た製品の価値を、競合製品（サービス）との相対的な位置づけで表現することをポジショニングといいます。

　図5.1では、自動車のポジショニング例を挙げています。縦軸を「日常生活における機能性」とし、横軸を「走行性（走る楽しみ）」としています。これらの軸が、顧客が購買を決めるときの決定的な価値を示したものという前提です。機能性をより高く重要視する人もいれば、そうでない人もいる、走行性能にこだわり

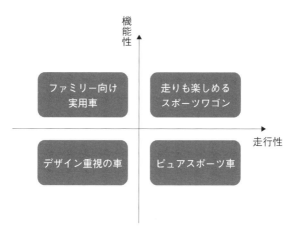

を持つ人もいれば、それほどでもない人がいるとみなしているということです。このマトリクスの中で、競合製品（サービス）と比較して、自社製品（サービス）のポジションを検討します。

　ポジショニングは、座標軸の設定が決定的に重要です。ポイントは、顧客の購買決定要因の軸で座標を設けることです。また、この軸は柔軟に考える必要があります。この軸を長らく固定しているということは、顧客が求める価値が変わらないという認識に立っていることを意味します。本当にそれでよいのか、他にも考えられる軸があるのではないかと常にそれまでの仮説を疑い、新たな軸を検討する必要があります。自動車であれば「カスタマイズ性」「環境性能」「安全性能」などの軸が考えられます。

2 販売促進——「まだ知らないもの」を知らせる

製品（サービス）を経験する前に価値を知らせる

　買うという意思決定は、実際の製品やサービスを使用する前に
判断されます。ですから、経験する前に「価値がある」と認めて
もらうことが販売促進施策のテーマです。どれだけよい製品（サー
ビス）をつくっても、販売促進施策がなければ世に知られること
はなく、購買されることもありません。製品（サービス）と販売
促進が結びついて初めて、顧客に価値が認められるのです。

　当たり前のように使っている製品（サービス）でも、世に現れた
ときは普及に苦労したものがたくさんあります。洗濯機は、今や
どこの家にでもある製品ですが、戦後の普及期には販促活動の苦
労がありました。当時、家庭の主婦が衣服を手洗いするのは「常
識」であり、洗濯機はまぎれもないぜいたく品でした。洗濯機メー
カーは、財布を握っていた男性を説得するために、家事労働が
どの程度の費用になっているかを算出し、洗濯を機械にまかせる
ことの合理性を説いて回りました。

　同様に、コンピュータが一般家庭で使われることなど想像もで
きない時代があり、電子メールは単なる娯楽だと思われていた時
代もありました。私たちが世に送る新製品（サービス）は、程度の
差こそあれ、「顧客がまだ知らないもの」なのです。

新たな判断軸を顧客に提供する

　顧客の代替案をなくすことが重要であることを第4章で述べま
した。漠然とした価値認識（ニーズ）から、ある特定の価値認識に

シフトさせることで代替案をなくし、比較的高価格でも購買されるようなストーリーをつくることが販売促進でも重要な課題です。

　Aさんの事例でも、初めは流行のSUVタイプの自動車に興味を持っていましたが、X社の担当者から、ワゴンタイプという選択肢があること、さらに「走る、曲がる、止まる」といった基本性能のよさに着目すべきことを示されました。事前には顧客が意識していなかった新たな価値を提供したことで購買の代替案が消え、提示した特定の製品の購買に結びつけることができました。漠然と「活動的なイメージの車がほしい」というところから、一歩踏み込んだ新たな判断軸を与えることが功を奏したのです。目指すべきはこのような能動的なコミュニケーションです。

情報そのものが価値になる

　顧客への情報提供は、自社の製品（サービス）のよさを伝えるために行いますが、情報提供自体が購買につながる価値になる場合もあります。たとえば、ワインにとても詳しい人がひいきにしているお店を想像してください。そのお店では、ワインの品質に関わるさまざまな会話がなされているでしょう。ある年のブドウの質、それに影響を与える土壌や品質改良の技術、ワインの製造工程、醸造所の歴史や経営体制などなど。飲料としてのワインだけでなく、その周辺にある情報そのものが顧客価値といってよいでしょう。

　ワインに限らず、自動車のような工業製品でも、知識が豊富なマニアは、製品の詳細技術や製造工程についての情報をほしがるでしょう。ある製品（サービス）をこだわりを持って購買する人には、豊かな情報を提供すること自体が購買意欲を上げます。この

ような場合の売り手は、単なる売買の交渉相手ではなく、情報交換を通じて製品（サービス）の世界観を豊かにする「同志」として期待されているのです。

メディアを組み合わせて販促施策を講じる

具体的な販売促進施策には、第6章で触れる顧客の購買プロセス（128ページ）ごとに必要な情報の見極めと、有効な情報媒体（メディア）の選定が必要になります。主な手段としては、製品（サービス）の認知を主目的とした「広告」、購買に直接結びつくクーポンやおまけなどの「セールス・プロモーション」、宣伝を主目的としない学会発表などの「PR活動」、さらには営業パーソンや販売員が顧客に直接接点を持つ「人的販売」などがあります。

現代社会では、私たちの目に入るあらゆるものがコミュニケーションのメディアとなっています。スマホ、PCサイト、人通りの多い建物の壁や看板など、ありとあらゆるものがメディアとなり、ときには声高に、ときにはひっそりと私たちに語りかけます。そのような"饒舌な"世の中が好ましい社会かどうかは別として、広告媒体の陣地の取り合いはますます激しくなっていくでしょう。

また、インターネットサイトを訪れると、以前に見た商品や記事に関連した広告が目の前に現れます。インターネット上のふるまいは執拗に追跡・分析され、自分が興味を持っていることがらについて、インターネットは自分よりもよく知っているように感じます。さらに技術が進歩すれば、ネット上のふるまいのみならず、カメラやスマートスピーカーなどを通して身体運動や表情の情報を取得し、体調や感情に合わせた製品（サービス）を提案することも可能でしょう。IT技術・AI（人工知能）技術の進化により、

コミュニケーションの手段は大きく変わっていくはずです。常日頃から世の中にアンテナを張り、新たなメディアを探索する意識が必要なのはいうまでもありません。

3 価格——価値と対価を対応させる

価値と価格のバランス

テレビショッピングでは、まず商品のすばらしさを司会者の話術をもってこんこんと紹介します。ときには視聴者の生の質問に答え、実物を見なくても商品の機能、雰囲気を感じさせる工夫をしています。十分に商品紹介があった頃、おもむろに「それではお値段です」と価格を開示します。相方が「え〜っ、そんなにお安いんですか！？」と驚いてみせます。価値と価格の天秤がアンバランス（もちろん左に傾いている）であることを強調し、購買決定を促します。

このように、私たちは製品（サービス）になんらかの価値を認めて初めて価格に目が行きます。その逆はありません。私たちが気づいていない場合もありますが、お得な価格に目が行くとすれば、なんらかの価値を認めているはずです。私たちは価値と価格のバランスで購買を決定します。買い手としては、価値と価格の差が大きく開き、「お得感」があった方がよいのですが、売り手にとっては逆です。価値に比べて不当に価格を下げる必要はありません。価値と価格の差をできるだけ小さくする「ちょうどよい」価格で買ってもらうことが上手な商売です。

価格検討の３つの視点

　売り手にとって、価格の検討には次のような3つの視点があります。これらのバランスを考えて価格を決定します。

①原価の視点

　製品の原価に応じて価格を設定する方法です。たとえば、原価率や利益額の基準を明確に決め、製品（サービス）企画の制約条件にします。高価な材料を使ったときに、その分の売価を上げることは自然な発想ですが、顧客が求める価格と乖離する可能性があります。この視点の意義は、なりゆきの原価に利益を上乗せすることではなく、許容される販売価格に収めるためのコストダウン努力を促すことにあります。製品企画に伴い、原価も企画するという発想です。

②需要の視点

　顧客の支出能力に応じた価格を設定する方法です。たとえば、子供を対象としたゲーム機やゲームソフトであれば、お小遣いで買うことができ、親がプレゼントとして購入できる範囲の価格帯に収めることが必要でしょう。

③競合の視点

　市場相場の水準に合わせて価格を設定する方法です。市場競争が激しく、相場価格から離れると不利な場合に適用します。たとえば、500mlのペットボトル飲料の相場が150円程度だとしましょう。その相場から逸脱するには、相当の理由が必要です。高くする場合に理由が必要なのはもちろんですが、安くする場合にも、

品質の不安を打ち消すような合理的な理由が必要となります。

値下げはなんの努力も必要としない

　90年代以降の長い間、日本はデフレ傾向でした。価格が上がらないので会社の利益も上がらず、その結果賃金も上がらないので需要が伸びないという悪循環に陥っていました。たゆまぬコストダウンの努力など、価格が下がった理由はいくつもあるでしょうが、安易な価格競争も大きな原因です。価格競争が安易なのは、マーケティング施策の中で唯一なんの努力も要らず、瞬時に変えることができるからです。値下げは、売上を上げるカンフル剤ですが、短期的成果を求める会計思考の欠点でもあります。

　顧客はより安いものを好むのは事実ですが、それは天秤の右側だけを見ているにすぎません。真の問題は価値とのバランスです。比較的高価なスマートフォンや家電製品が売れている現実を見ると、私たちは価値の高いもの、価格と比較して相対的に価値のあるものを求めていることが分かります。

　言い古された価値を低価格で提供するのではなく、新たな価値を提供し、その努力にふさわしい対価を得る活動こそが、社会に豊かさと活気をもたらすことをビジネスパーソンとして肝に銘じたいものです。

サブスクリプション

　所有権を売り手から買い手に移動する「販売」とは異なり、「利用」というサービスを売るという「サービサイジング」という発想があります。レンタカーがその代表例です。「売り切る」ことが一般的な製品を、「貸す」というサービスに転換すること

で、対価を得る単位が変わり、価格の体系も変わります。

　サービサイジングをさらに進め、利用の量にかかわらず、一定期間の利用料を固定にする課金方法が「サブスクリプション」です。代表的なものとして、何曲聴いても一定料金がチャージされる、音楽のストリーミングサービスがあります。また、洋服のサブスクリプションサービスもあります。定額で、一定数の洋服が借り放題になります。気に入った服を自由に借りられることや、プロのスタイリストが自分に合った服を選んでくれることなどで人気になっています。

　買い手は追加の料金を気にせずに多くの製品（サービス）を利用することができ、売り手にとっては、顧客と継続的な関係を築くことで安定的な収入を得られるメリットがある方法です。

ダイナミックプライシング

　需要と供給のバランスを素早く把握し、価格を固定化せず、動的に決める「ダイナミックプライシング」という手法が急速に広まっています。飛行機の料金では既におなじみですし、一部のホテルの宿泊料金にも積極的に活用されています。情報通信技術が発達し、需給バランスの分析が高度になり、価格を頻繁に変えても顧客に伝達することが可能になったことが背景にあります。今後、より多くの製品・サービスで、このような「時価」の価格設定が進んでいくでしょう。

　なお、サブスクリプションもダイナミックプライシングも、需要の見極めが鍵になり、それにはAIを活用するのが普通です。価格施策の観点からも、技術の活用に長けた会社が有利になっていくでしょう。

4　流通──買いやすさを提供する

購買の障害を除去する

　価格以外にも、購買を妨げるさまざまな障害が存在します。よい商品がとても安く売られていることが分かっているけれども、その店がはるか遠くにあるとします。その店に行くには随分と手間や時間がかかります。そのような店には、価値に比べて価格が相当安くないと行かないでしょう。マーケティング施策としての「流通」のテーマは、購買決定および製品（サービス）を手にする時点での利便性の提供です。売り手は購買の障害を減らすことで、天秤を左側に傾けることができます。天秤図から読み取れるように、障害を減らすことで、その分価格を上げることができます（図5.2）。

　逆に、買い手は不便を受け入れれば、価格を安く購入することができます。スウェーデンが本社で、カジュアルな家具を販売するイケアは、かつてベッドなどの大型商品でも自分で台車に載せてレジに持って行かなくてはいけませんでした。物流作業を買い手に強いている点で決して買いやすい店ではありませんでしたが、オペレーション費用を抑えているために価格を安くすることができました。買い手は、そのような手間を許容すれば、より安く買うことができます。ちなみに同社は、現在では有料で配送サービスを行っています。

　マーケティング施策における流通は、コストをかけてでも利便性を高めて購買の可能性を高くするか、あるいは利便性を犠牲にして価格を下げるかといった判断が求められます。

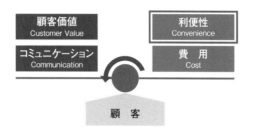

〈図5.2　購買の天秤図での「利便性」の位置〉

| 顧客価値 Customer Value | 利便性 Convenience |
| コミュニケーション Communication | 費用 Cost |

顧客

利便性の基準がどんどん高くなる

　利便性を実現しているという点では、ネット通販はその最たるものでしょう。家が「買い場」になったのですから。スマートフォンの普及により、あらゆる空間が買い場になったといってもよいでしょう。ネットで情報を確認しながらすぐに注文ができ、早いものでは当日あるいは次の日に届くという便利さは、1度味わえば後には戻れません。

　文具通販のアスクルは、もともとは品ぞろえよりも迅速な配送を中心的な価値にしたビジネスでした。今日注文したものを明日届けることを約束したので「明日来る」です。筆者の自宅で活用している生協では、水曜日に注文したものが翌週の火曜日に届きます。以前はそれで満足していましたが、注文したものは翌日に届くのが普通の感覚になった今や、利便性の点では満足度が下がっているといわざるをえません。

　一方で、利便性の競争には、人手に頼る物流のコストが上がっていくというジレンマがあります。その解決策として、自動運転車やドローンなどを利用した配送が試みられています。どこでモノをつくり、どのように配送するかを検討するにあたり、これら

〈図5.3　バリューチェーン〉

技術開発　→　製品デザイン　→　製造　→　販売　→　アフターサービス　→　顧客

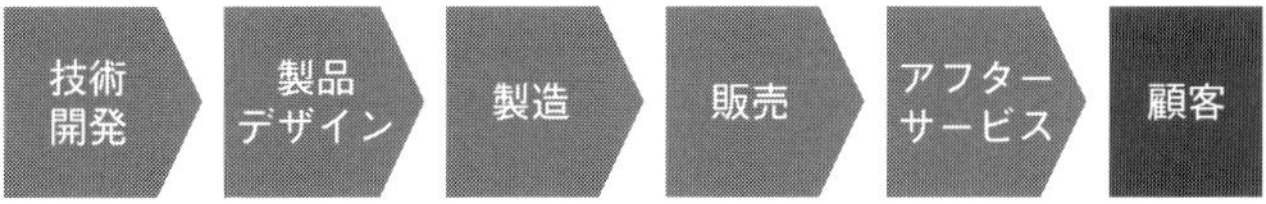

の分野の技術開発にも注意を払う必要があります。顧客が求める利便性の基準は今後もどんどん上がっていくと思われますが、配送従事者の労働環境などを含めた社会との調和が求められていくでしょう。

流通施策とバリューチェーン

　製造業の立場で、流通業者を介して販売することを間接流通といいます。卸売店に製品を卸す、小売店で販売するといったことです。迅速に販売量を拡大したいときは、間接流通の活用が一般的です。

　それに対して直接利用者に販売することを直接流通といいます。直接流通は「ダイレクトマーケティング」とも呼ばれ、メーカーの自社サイトによるネット販売や通信販売が代表例です。

　直接流通・間接流通の区分は、自社で製品を流通させるか、他社を活用するかの違いです。どちらを選ぶかの判断は、販売力・営業力における自社と他社の比較になります。このことは、自社はどの機能の能力を磨いていくべきかという議論につながっていきます。

　自社の機能および他社との関係を含めたビジネスの構造を分析するには、バリューチェーン（価値連鎖）というフレームが有効です（図5.3）。バリューチェーンは、ビジネス活動を各機能的な要

素のつながりとして理解します。たとえば、製品の設計をすること、部品を発注すること、工場まで運ぶこと、組み立てることなどと、顧客に価値を届けるまでの一連の流れでビジネスを認識します。これらすべての活動は、顧客にとってなんらかの価値があるもののはずです。これらの価値（= Value）のつながり（= Chain）でビジネス全体が構成されます。

価格施策とは反対に、流通施策はマーケティング施策の中で最も変えにくいものです。流通業者という外部者を深く巻き込み、彼らのスキル形成や動機づけにも関与し、必然的に長期的な取り組みが必要になるからです。このような意味で、「流通」は長期的なビジネスの基盤をつくる重要な判断事項です。

このことをつき詰めると、事業システムの設計の問題になります（「第8章 『早さ』と『速さ』の競争優位」参照）。「流通」は、マーケティング施策の1つとして位置づけられていますが、ものづくりの工程を含めたビジネス全体の一連のプロセスと見ると、経営全体の課題になります。

5　ビジネスモデル──競争のルールを変える

競争のありさまをがらっと変える

ここまで、4Cと4Pを検討する視点を個別に見てきました。差別化の方法の最後に、それらとは次元の異なる、競争のルールを変えてしまう方法を考えます。

競争のルールを変えるとは、たとえばある製品を無料にして広く配付し、シェアを確保した後に有料のサービスを販売するといったことです。このような方法はゲームソフトなどでよく用いら

〈図5.4　インストールベース型モデル〉

無料・低価格で
ゲームソフトを提供

ゲーム
メーカー

ゲームソフトを
インストール

高機能版や
有料サービスを購入

顧　客

れています。単機能な製品は無料、高機能版は有料といったもの
です。無料の製品を持っていない競争相手は、たちまち無料版に
シェアが取られます。瞬く間にシェアが変わり、競争のありさま
ががらっと変わります。

　このようなビジネスのやり方は「インストールベース型モデ
ル」と呼ばれています（図5.4）。初めに低価格で今後のサービス
の土台となるようなシステムを顧客に導入（インストール）し、そ
のシステムに必要な付属品、消耗品、バージョンアップなどで収
益を上げるモデルです。

　ひとたび、この手法で大きなシェアを取り、業界のスタンダー
ドを確立すれば、顧客に継続的な自社製品の購買を期待すること
ができます。また、付属消耗品やメンテナンスの売り手になるこ
とで、一時的な製品販売に頼るよりも安定的な収益を上げること
ができます。

ビジネスモデルという視点

　この方法は、先に挙げたゲームソフトだけでなく、トナーやカ
ートリッジで収益を上げるプリンタやコピー機販売などにも共通
して見られます。これらには、共通のビジネスのしくみや儲け方

が見て取れます。このように、ビジネスのしくみの共通性を抽出してモデル化したものを「ビジネスモデル」といいます。

ビジネスモデルの視点で見ると、伝統的なマスメディアの2大勢力である新聞とテレビのビジネスモデルは異なることが分かります。新聞は読者から購読料を取りますが、テレビを観るのは基本的には無料です。新聞の主たる収入源は一般読者の購読料であり、テレビの収入源はCMのスポンサーからの広告費です。情報の受け手が無料で、広告主が費用を負担するという点では、駅などで無料で配付しているフリーペーパーとテレビは同じビジネスモデルということができます。このようなビジネスモデルという考え方は、ビジネスのしくみを単純化（モデル化）し、他社のしくみを自社に応用するときに有効です。

6　他社が躊躇する領域で勝負する

ここまで、競争相手と差別化するさまざまな方法を議論してきました。ここで、会計思考で記した「組織の外に向かっては他社が躊躇するリスクを引き受ける精神、社内のオペレーションではリスクを低減する努力、この2つが必要となる」という言葉を思い出してください。このことをマーケティング施策の差別化に当てはめると、「顧客が価値を認める領域で、他社は躊躇するが自社はオペレーションに自信がある領域で勝負すること」といえるでしょう。他社が躊躇することとは、たとえば次のようなことです。

　◦品質が不安
　◦手間がかかる

- 技術的に難しい
- コストがかかりすぎる
- 人材が確保できない
- 顧客や仕入れ先とのコネクションがない
- オペレーションが難しく、継続的にマネジメントできない

  etc.

　このような他社が躊躇することの多くは、実は自社でも「嫌だな」と思うことです。すなわち、業界の常識に照らしたときに眉をひそめるようなことにこそ、商機があるといえるのです。要求の多い顧客、面倒な注文、極端に短い納期への対応をどうするか。直感的には自分も躊躇し、社内のメンバーからも反対されるようなアイデアにこそ、新たな可能性があります。そのような「鬼っ子」のようなアイデアを着想し、吟味し、実現できるような論理と行動力が求められています。

7　会計とマーケティング

　本章の最後に、マーケティング施策が会計情報として損益計算書にどのように記録されるかを確認しておきます。

①製品
　製品づくりのコストは、「製品原価」として計上されます。製品原価の内訳は、製造原価明細書に記載されます。また、小売業、卸売業など製造工程を持たない会社では、商品の仕入額が「売上原価」という費目で計上されます。
　また、長期的な製品開発の活動コストは、通常は一般管理費の

中の研究開発費として計上されます（ただし、研究開発費の計上には細かい規定があるので、詳細は専門書を当たってください）。

②価格

　価格は売上に直結するとともに、価格の上下は他の費目に影響を与えませんから、利益に直結します。私たちは1円でも高く売ることにこだわるべきです。

　価格と製品原価の差額が売上総利益です。売上に対する売上総利益の比率（売上高総利益率＝粗利率）は事業の基本的な体質を示します。粗利率が大きければ、比較的少量の販売量で営業利益を出すことができ、広告宣伝費や営業人員も潤沢に投入できます。医薬品や化粧品は粗利率の高い製品の代表例です。逆に粗利率が小さければ、しかるべき固定費をまかなうために、相当の販売量を獲得する必要があります。

③販売促進

　販売促進のコストは、会計上では一般的に「販売管理費」の中の「広告宣伝費」「販売促進費」に計上されます。また、販売に携わる営業パーソンの人件費も販売促進のコストとみなすことができます。

④流通

　流通の費用を会計情報から読み取るには少々知識が必要です。なぜなら、一般的に損益計算書には現れないからです。メーカーが問屋や商社を活用するコストは、費用の項目には現れません。それは、売上に現れます。同じ製品（サービス）でも、メーカーが

直接エンドユーザー（消費者）に販売すると、中間流通業者に販売するよりも高く売ることができます。逆に、流通業者を介して販売すると、同じ数量を販売しても売上金額が減少します。

　直接販売にすれば見かけの売上は上がりますが、利益が増えるかといえば、そうは簡単にはいきません。自前で販売活動をするためには、そのための体制をつくる必要がありますし、活動の費用もかかります。そのため、人件費や広告宣伝費が流通業者を活用する場合に比べて増大し、販売管理費を押し上げます。組織の能力を見きわめ、流通施策を吟味する必要があります。

第5章のまとめ

✓ 顧客価値と製品

　　顧客を主語とした表現で企画する

　　機能的価値と情緒的価値

✓ 顧客とのコミュニケーション

　　新たな判断軸を顧客に提供する

　　あらゆるものがメディアになる

✓ 価値と価格のバランスを取った価格

　　ちょうどよい価格の追求

　　サブスクリプション／ダイナミックプライシング

✓ 利便性を提供する流通

　　購買の障害を除去する

　　どんどん高くなる利便性の基準に対応する

✓ 競争のルールを変える

　　ビジネスモデルで差別化する

✓ 利益を大きく上げるために

　　顧客が価値を認める領域で、他社は躊躇するが自社は
　　オペレーションに自信がある領域で勝負する

第6章　顧客を見つめる

1　発想を広げるためのターゲティング

だれにとっての天秤か

　マーケティングの骨格は「だれに」「なにを」「どのように」であり、それは図6.1のような天秤モデルで記述することが可能でした。ここまでは「なにを」と「どのように」の関係を見てきましたが、次に「なにを」購買の要因とするかを規定する主体者、すなわち「だれに」に目を向けます。

　たとえば、筆者が今日のランチに事務所の隣にあるイタリアンレストランに行った理由と、その隣で接待風の食事をしていたビジネスパーソンと、少し離れたテーブルで友達同士でワイワイ楽しんでいた主婦層とは、同じものを食べていたとしても感じている価値は違います。

　筆者にとっての価値は健康によい食材、好みの味、馴染み感、適度な賑わい感、近所で時間を取らない、などということです。価格の800円と比較しても価値は高いので、私の行きつけのお店になっています。接待使いのビジネスパーソンには、お客さんと一緒に食事するのにふさわしい雰囲気の店であり、2000円程度のちょっと贅沢なコースメニューがあること。また、主婦層には

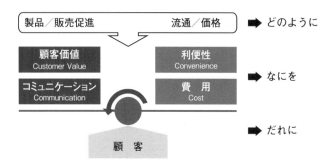

〈図6.1　マーケティングの骨格（再掲）〉

評判の店に行ってきたという話題性。このように、客層によって感じる価値はまちまちです。

万人向けでよいのか

価値観がバラバラのお客さんを相手にするときの1つの考え方は、マーケティング施策を万人に合わせることです。筆者のように1人で食べに来る男性にも、接待利用のビジネスパーソンにも、わざわざ食べに来る主婦層にも合ったお店にするということです。

これはよさそうなアイデアですが、「万人向け」という言葉は誤りです。筆者の事務所は大阪の都心にあり、少なくとも山あいに住む高齢者はほとんどやって来ませんし、安くておなかいっぱい食べたい体育会の学生もやって来ません。近所に学校はないからです。

こう考えると、近隣のビジネスパーソンや少し遠方から来るグルメな主婦層がこの店が相手とするお客さんと見てよいでしょう。少し感度のよい、いろいろな店を経験した「うるさい」客です。そのような客を相手にするレストランと、学生相手の店では取る

べき施策は異なるはずです。

　したがって、このレストランは「万人」に向けてではなく、想定される顧客のタイプ「それぞれ」に対して価値を提供しなくてはなりません。「近隣のビジネスパーソン層」と「遠方から来る主婦層」の両方の客層に対するマーケティング施策を考える必要があります。それが、「だれに」を定義すること、すなわちターゲティングの意義です。

　私たちは、「万人」という抽象的な対象ではなく、それぞれの客層がなにに価値を求めるかを注意深く感じ取り、それを実現する施策を考えなくてはなりません。マーケティング施策は、「人々一般」ではなく、必ず明確な「だれか」に向けた施策でなければならないのです。

求める価値観の違いで顧客を分ける

　顧客ターゲットを決めるということは、社会全体からある人々の集合を抽出するということです。抽出する前提として、社会全体の人々をなんらかの基準で分けることをセグメンテーションと呼びます。「セグメント」とは、破片、かけらという意味です。

　自動車であれば、「独身女性」「小学生以下の子供がいるファミリー」などのライフステージで区分したり、「タウン派」「スポーツ派」などのライフスタイルで区分したりすることなどが考えられます。このように、なんらかの切り口でセグメンテーションを行い、その中からターゲットを定めて施策を検討するというのが、ターゲティングの基本的なステップとされています。

　一般的によく用いられるセグメンテーションの切り口は**表6.1**のようなものです。地理理的な区分、人口動態的区分、心理的区

〈表6.1　一般的なセグメント例〉

切り口	セグメント例
1. 地理的区分 　　地　方 　　気　候 　　人口密度	・関東、関西など ・寒暖、季節など ・都市部、郊外、地方など
2. 人口動態的区分 　　年　齢 　　性　別 　　所　得 　　職　業	・少年、若者、中年、高齢者など ・男、女 ・年収1000万円以上など ・ブルーカラー、ホワイトカラーなど
3. 心理的区分 　　ライフスタイル 　　パーソナリティ	・スポーツ好き、アウトドア志向など ・新しいもの好き、保守的など
4. 行動区分 　　求めるベネフィット 　　使用率	・経済性、機能性、プレステージなど ・ノンユーザー、ライトユーザー、 　ヘビーユーザーなど

分、行動による区分などがあります。

　なにかの切り口を採用するということは、その切り口で求める価値観が異なること、すなわち投入すべきマーケティング施策が異なるという認識の表明でもあります。百貨店の婦人服売り場のように年齢層でフロアを分けるのであれば、年齢が商品選択のパターンを決める重要な要素とみなしていることを意味します。一方で、「鈴木姓の女性」というターゲティングはナンセンスでしょう。「鈴木姓」には共通の価値観は見出せないからです。

なぜセグメンテーションが思考停止をもたらすのか

　セグメンテーションにおける陥りやすい誤りは、よく考えずに分けてしまうことです。リアルな人間像の裏づけがなく、たとえ

ば年齢によるセグメンテーションにより、若者層とはこういう人だ、とのイメージを売り手が勝手につくり上げてしまうことです。

若い人は奇抜なデザインを好み、シニアは落ち着いたデザインを好む、といった「常識」を私たちは持っています。しかし、現実はそれほど単純なものではありません。ステレオタイプの観念でセグメンテーションをすることが、マーケティング思考の陥りやすい失策です。現実を見ずに、染みついた観念だけで4Pを企画してしまうと、顧客の支持を得ることはできません。

したがって、**表6.1**の切り口をそのまま活用してセグメンテーションすることは、思考停止にほかなりません。私たちは、リアルでオリジナルなセグメンテーションの切り口を見つけなければなりません。そのためには、顧客を細部まで注視して、現実世界に生きるリアルなターゲット像を想定することが必要です。ターゲット像のイメージをどんどんリアルにしていくと、特定の個人に向かっていきます。つまるところ、個人1人ひとりを注意深く見ることが、ターゲティングの第一歩です。

ちなみに、百貨店の婦人服売り場は、フロアごとに「ヤング」「アダルト」「キャリア」「ミセス」のように年齢軸ではっきり分けられていることが多いのではないでしょうか。百貨店の品ぞろえに面白みがなくなったのは、この固定的なセグメンテーションが要因かもしれません。

トートロジーの恐れ

たとえば、ビジネスパーソンの中で、夕刻に健康によいお菓子を好んで食べる層があることを発見したとします。その層に向けて、健康に対する効果を前面に出した、オフィスで食べやすいお

菓子を企画するとしましょう。その場合、「健康によいお菓子を食べるビジネスパーソン」というターゲティングの定義でよいでしょうか。

この定義は「健康を増進する」という機能的価値（＝なにを）と、「お菓子」という製品カテゴリー（＝どのように）を組み合わせた言葉であり、「だれに」と「なにを・どのように」を繰り返し表現していることにすぎません。これでは、ターゲティングという作業をする意味がありません。

私たちが考えたいのは、ターゲットとする人物像をよく理解して、その人の購買プロセスに適したマーケティング施策を実現することです。その「健康によいお菓子を食べるビジネスパーソン」とはどんな人なのかを考えることが、ターゲティングの端的な意義です。

では、その人を表現するには、どのような言葉がふさわしいでしょうか。年齢はどうでしょうか。性別はどうでしょうか。職業、住まい、体型でしょうか。あなたのビジネスの典型的な顧客は、どのような属性で語ることができるでしょうか。

ターゲティングで発想を広げる

このように、ターゲットとする人物像を言葉にするのは決して簡単なことではありません。しかし、健康によく、オフィスで食べやすいお菓子のターゲットを「健康によいお菓子を食べるビジネスパーソン」とすることはナンセンスなのも確かです。少なくともここでいえることは、「健康によいお菓子を食べるビジネスパーソン」とは違う言葉で語る必要があるということです。多様な言葉で語ることで、発想の広がりが期待できるのです。

その人を「子育て中の30代の働くお母さん」と表現したとすればどうでしょう。小さい子どもを保育園に預けなければいけないのであれば、慌ただしい朝食シーンが想像できます。晩ご飯をつくる時間もそれほど取れずに、栄養バランスが気になっていることが想像できます。

私たちの製品（サービス）は顧客の生活のほんの一部

このように、ターゲットを定義することで、企画しようとしている製品（サービス）に直接関わらない生活シーン全体に配慮がおよびます。そのような生活の背景を前提として、その生活に入り込むようなマーケティング施策を企画することができるようになります。ちなみに、このような、あるモデルとなる個人像を詳細に定義する方法は「ペルソナマーケティング」とも呼ばれています。

強調したいのは、売り手が差し出す製品（サービス）は、顧客の生活にとって常に「一部」だということです。「健康によいお菓子をオフィスで食べる」ことは、「子育て中の30代の働くお母さん」の生活にとって、ほんの一部です。私たちは1つの製品（サービス）をつくるまでに多くの議論を重ね、相当の手間とコストをかけます。そのために、私たち売り手の頭の中では、それが大きな割合を占めていますが、顧客はそうではありません。

私たちは、顧客の生活の中で、提供する製品（サービス）がどのように現れるかを想像しなければなりません。その現れ方を把握することで「なにを＝4C」が定義でき、「どのように＝4P」の精度を上げることができます。それがマーケティング思考の土台であり、さまざまなアイデアの基礎といってよいでしょう。

2 顧客の購買プロセスの分析

購買プロセス

さて、顧客ターゲットを定め、そのターゲットが求めている価値がどのようなものかを探る。では、その価値はどのように見出すことができるでしょうか。

マーケティング思考は、人間を見つめることを強制します。漠然と「20代の女性」というイメージをつくり上げるのではなく、実在する20代の女性のふるまいや生活から、企画者の実感を伴った「20代の女性像」を構築します。その上で、その像が求める価値はなにかを考え、製品やサービスを企画します。

まず具体的に収集すべき情報は、顧客の購買プロセスです。事実としての購買プロセスをつまびらかにし、プロセスごとに顧客の心理や行動を記述することから始めます。

はじめに、分析の範囲を定めます。私たちが「最も」関心を持つべき対象はなんでしょうか。それは買い手が「買う」と決める購買決定の瞬間です。その意思表示の数の多さがビジネスを成り立たせているのですから。

スーパーで買い物カゴに野菜を入れる瞬間、家電店で店員を探し出して「このテレビください」という瞬間、顧客企業との取引で「分かりました、契約しましょう」と語る瞬間。私たちの視線は、顧客がものを買う意思決定をする瞬間を見つめ、そこを起点に、その周辺に視野を広げていかなければなりません。

意思決定をするその場面に着目すると、今度はどのようにしてそのような意思決定に至ったのか、ということに関心が向かいま

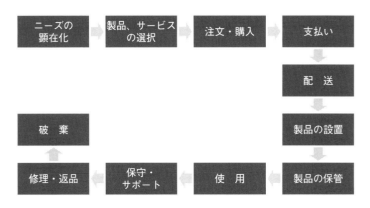

〈図6.2　顧客の購買プロセスの例〉

す。どうやってその商品を知ったのか、もともとほしいと思っていたのでしょうか。それとも、店頭に来てからそう思ったのでしょうか。その商品と多くの類似商品とをどうやって比較したのでしょうか。さらに、買った後、どのようにしてその商品を使っているか、そこで満足しているかどうかも知るべきでしょう。その満足感が次の購買につながっていきます。

　このように、顧客の購買行動の一連のプロセスを私たちは知りたいのです（**図6.2**）。そのプロセスは分断されたものではなく、リアルな個人が時間的流れに沿って意識的・無意識的に選択をし、満足・不満足の経験を重ねたものです。そのストーリーにおいて、私たちの製品（サービス）は主役ではありません。顧客の生活の脇役として、どの場面で現れ、どう認識されているかを知りたいのです。

〈図6.3 AIDMA（伝統的な消費者行動モデル）〉

〈図6.4 AISAS（ネットでの消費者行動モデル）〉

消費者の行動モデル

　顧客（消費者）の購買プロセスを一般化した伝統的な消費者行動モデルとして、AIDMA（アイドマ）があります（**図6.3**）。

　ある製品の存在に気づいて「認知」し、"ほう、なになに？"と「興味」を持ち、"ほしいな、これ"と「欲求」を持ち、しばし「記憶」に残して検討し、"これください！"と「行動（購買）」するという流れを示しています。このモデルを活用することで、売り手は、自社製品が購買されるにはどの段階が特に重要なのかを見極めることができます。そもそも認知度が低いのか、あるいは認知度は高く、買い手の評価も高いけれども記憶に残らずに他社製品が買われてしまっているのか、といったことです。

　「興味」の段階では、製品の評判をSNSなどでチェックするのが当たり前になっていますから、このモデルはもう少し複雑になっています。もしある買い手が製品に満足し、ネットにポジティブな感想を書き込み、次の製品の購買も検討しているなら、それ

こそがマーケティングの目的である顧客の創造を成し遂げたことになります。このようなプロセスをモデルに織り込んだAISAS（アイサス）というバージョンもあります（**図6.4**）。ちなみに、大手広告代理店の電通の登録商標です。

3　顧客志向とはなにか

マーケティングでは遅い？

　さて、松田聖子などの数々のヒット曲を生み出した作詞家の松本隆氏は、あるテレビ番組の中で「マーケティングでは遅い」と言い切っていました。今生活者がほしがっている作品をつくっても、発売する頃には古くなっているということです。現在の市場に迎合するのではなく、自分で磨き抜いた創造性に頼る方が「当たる」確率が高くなるということです。

　氏はなにも芸術家風を吹かせているわけではありません。ポピュラー音楽は多くの人に売れてこそ意味があることを100％受け入れた上で、売れる曲をつくるために、そのときどきの流行を追いかけても無意味だといっているのです。流行を先回りして捉えて曲づくりをしなければ、結局は時代遅れになるということです。

　AKB48などの多くのアイドルグループをプロデュースしている秋元康氏も、「僕は、モノをつくる時にマーケティングは一切やらない。だって、今流行っているものは、過去のものだから。もっと自分の本当の気持ちや本当の声を聞いた方がいいと思う」（『日経ビジネス』2010.12.20–27）と語っています。

　共通するのは、マーケティングという言葉を、今現在の流行・動向に追随する活動として使っていることです。思考を市場に合

わせるのではなく、自分が面白いと思ったもの、自分の感性を信じて企画した方がオリジナリティのある、新しいものが生まれるという見解です。

顧客に無関心ではいられない

さて、みなさんは彼らの意見をどう思うでしょうか。リアルな顧客像にフォーカスするマーケティングは無力だと考えるでしょうか。

彼らのようなヒットメーカーにしても、人々に対して無関心でいられるわけではありません。むしろだれよりも人々のふるまいや価値観の変化に敏感なはずです。社会から得られる多彩な情報を意識的に、あるいは無意識のうちに自分の中で取捨選択し、それらが彼らの独特なアイデアに結びついているはずです。いや、彼らの思考そのものが、あたかもターゲットとする人々が考えているような動きを示すといった方がよいかもしれません。彼らはある面で顧客その人であり、ある面で技術者としての売り手なのです。

こう考えると、天才的なクリエーターとは、リアルな顧客像を思考の中心に据えるというマーケティング思考の究極の姿ということができるのではないでしょうか。マーケティングという言葉を使うまでもなく、彼らはマーケティング思考そのものを実行しているのです。

本当の顧客志向

私たちは、彼ら達人の域に少しでも近づくための訓練として、顧客を見る懸命な努力をしなければなりません。なぜなら、私た

〈図6.5　天動説と地動説〉

天動説

地動説

ちはビジネスを考えるとき、知らず知らずのうちに売り手の発想
で考えてしまうからです。

　技術の制約、納期の制約、労働時間の制約など、それらはビジ
ネスの担い手として当然考慮すべきものです。しかし、マーケテ
ィング思考は、それらよりも顧客が望むものを優先することを要
求します。売り手発想とは、自分たちの都合を優先し、その立場
から世の中を解釈することです。それは、あたかも古代の人々が
天動説を信じていたのと同じです（図6.5）。

　私たちは「本当は」地球が太陽の周りを回っていることを知っ
ていますが、それを見たり体験したりすることはできません。私
たちが経験しているのは、どっしりとした大地があり、太陽が東
から昇り、西に沈む光景です。地動説は知識として知っています
が、想像上でしか描くことができません。同様に、ビジネスの像
も顧客から見てどう見えるのか、ということを想像で描くしかあ
りません。

　いかに想像力をたくましくして、顧客側の世界に住むことがで
きるか。それがマーケティング思考の根本的な課題です。

自分のフォーマットを疑う

　マーケティング思考のためには、いわば、顧客が自分の中に棲みつくような感覚が必要になります。ターゲットとした人物がどのように感じ、考え、判断するかに（たとえ自社に不利なことであっても）共感しなければなりません。顧客を観察したり、尋ねたりすることで、斬新なアイデアが生まれるかどうかは分かりません。しかし、頭の中で育てた顧客像に、想起したさまざまなアイデアを問いかけ、受け入れられるかどうかのテストをすることはできます。

　もしまったくの異星人を顧客にするのであれば、彼らの価値の体系を一から知る必要があるでしょう。自分の経験を参考にできないとすれば、彼らが望むことを知るには、考古学者が太古の人々の暮らしを想像するような苦労をしなければならないでしょう。

　しかし、対象が現代の人間であれば、自分の価値観のフォーマットを援用できます。ところが、問題はここにあります。私たちは、自分の経験や興味関心のフィルターを通してしか世の中を見ることができません。問題は自分が持っているフォーマットと、顧客のそれとのずれです。ずれがあると、顧客について理解したつもりでも、単なる思い込みになってしまいます。思い込みは、本人がそうとは気づかないことですから、マーケティングの企画を知らず知らずのうちにミスリードする結果になります。このようなことを避けるために、私たちは自分のフォーマットを疑ってかかる必要があります。

　思い込みの弊害をできるだけ小さくするために、私たちは想像力を磨く必要があります。男性が女性が化粧するときの気持ちに

共感する、若年者がシニア層の関心事に共感する、60代が10代のゲームの楽しさに共感する。その共感は、ちょっと想像してみるといったものではなく、全面的な、その人になり切った共感です。このように、自分が体験しうる以外のことをありありと想像する感性を身につける必要があります。

4　リサーチは創造である

どこまでの曖昧さが許容できるか

　顧客の行動や考え方を調べ、分析し、提供すべき価値を見出し、製品やサービスの企画などに活かす活動は、マーケティングリサーチと呼ばれています。

　いくつかの欧米の有名なファッションブランドは、日本で大がかりなリサーチを行っています。欧米人から見て、日本人の購買行動は一種の謎であり、それを明らかにするためです。しかし、リサーチですべてを明らかにしてから判断をすることはありえません。リサーチには時間もコストもかかり、無制限に行うことはできないからです。どれだけ調べたところで、常になんらかの曖昧さが残ります。結局、どこまでの曖昧さが許容できるかということになります。

　改まってリサーチを行わなくても、日々の仕事の中で情報を収集することができます。日々のオペレーションを目先の利益獲得だけに向けるのではなく、「次の」企画、すなわちマーケティング企画のための情報収集にも当てるようにすることです。具体的には、定期的に顧客の関心事やマーケティング施策のアイデアのレポートを作成することなどです。

リサーチには仮説が必要

あらゆるリサーチには、そのもととなる仮説が必要です。その仮説が分からないから調査をするのだと思う人もいるでしょう。しかし、調査設計をするということは、なんらかの仮説を持っているということなのです。

たとえば、「清涼飲料水の新しい販促策」の仮説を探索するとします。そのために主婦を集め、スーパーでどのような情報に反応するかを確認します。このとき既に、購買者は主婦であること、スーパーが主たる購買先であること、購買行動には陳列や説明書きなどの情報が影響を与えることを前提としています。それらの前提がなければ、リサーチすることはできません。

リサーチには、状況がよく分からない状態から仮説をつくり出すための「仮説探索型」と、仮説が正しいかどうかを検証する「仮説検証型」があるといわれていますが、これらの差は仮説の精度の問題だけです。リサーチする前の仮説の精度が低ければ仮説探索型、仮説精度がある程度高く、マーケティング施策の具体案まであれば仮説検証型と呼ばれます。

このように、限りのない可能性の中から、経験的に妥当と思われる範囲まで仮説を絞り込まないとリサーチはできません。逆にいえば、リサーチを設計することで、自分の仮説、思い込み、世界観を明らかにすることができます。その結果、より思考を柔軟にし、アイデアを広げることができます。たとえ顧客が求める価値が十分に見つからなかったとしても、そのような思考の柔軟体操、ストレッチングはリサーチの大きな効果です。

発見とは創造である

　先に議論したように、私たちは自分のものの見方のフォーマットを疑う必要があります。しかし一方で、あらかじめなにかの仮説がないと、価値は発見できません。したがって、もともとの知識による「既に知っている」ことと、「まったく知らない」ことの間に発見があり、驚きがあるということができるでしょう。それは、「知りつつある」という中途半端な心理の動きに注意を向けることでもあります。社会をよく知ることと、社会との馴れ馴れしさを取り払うことの両者が求められるのです。

　マーケティングという言葉、あるいはマーケティングリサーチという言葉が持つネガティブなイメージは、それが「客の言いなり」「他社のものまね」といった、創造性の欠如を連想させるからです。先のヒットメーカーたちの見解もそのようなことへの否定・嫌悪が含まれています。しかし、ここまで議論してきた内容を踏まえるならば、ただぼんやりと顧客を眺めていても新たなアイデアは湧いてこないことが分かるでしょう。価値を発見することは、きわめて創造的な営みなのです。

模倣するビジネス

　アパレル業界には「ファストファッション」という言葉があります。ファストフードのように速くできる服、という意味です。流行っている服を模倣した企画を立て、製造して販売するまでが短時間に行われます。先に紹介したように、作詞家の松本隆氏は「マーケティングでは遅い」と語りました。しかし、このようにリサーチから製造までの時間が短くなると、「マーケティングでも間に合う」ということも出てきます。

このことは、顧客が求める価値がなにかを探索することの前提として、素早くマーケティング施策に展開する組織の能力が必要であることを示しています。規模の大きい会社で1つの製品を大量に製造するには、原材料を大量に仕入れる必要があり、物流や販売の規模も大きくなります。オペレーションの規模が大きくなると、リサーチ結果を迅速に反映するのは難しくなり、前もって十分な時間を取って製造・販売の計画を立てる必要が出てきます。そのような会社では、リサーチによる顧客価値の発見を素早く役立てることは難しいでしょう。マーケティング思考は、必然的に小回りのきいた機敏な活動を志向します。

会計思考では、できるだけ早く成果を上げることが望ましいことを解説しました。現在価値という考え方が、時間的に早い成果を求めます。マーケティング思考でも同様に、判断と行動の速さは決定的です。ビジネスにおいて、スピードはきわめて重要な武器であることが分かるでしょう。

一方で、会計思考とマーケティング思考の違いもあります。安定した標準化されたオペレーションが収益性の向上には貢献しますが、顧客から支持を得ようとすると、顧客のニーズに機敏に対応しなければいけません。会計思考が求めるものが標準化なら、マーケティング思考は顧客適応です。このように、会計思考とマーケティング思考は共通するところと、相反するところがあります。そのバランスの取り方が、ビジネスの成果を左右します。

消費者参加型の製品開発が可能になった

ファストファッションのような考え方をさらに進め、顧客を製品開発自体に巻き込んでしまうことも試みられています。デンマ

ークの玩具メーカー「レゴ」社は、製品開発に積極的に子供の意見を取り入れています。同社は数千人規模の子供を組織化し、おもちゃの評価委員会を設けています。子供たちはネット上のフォーラムで、試作品の写真にコメントをつけたり、発売の決まっている商品について意見を述べたりします。また、製品開発者が初期段階の企画について率直な意見を聞くこともできます。フォーラムにプロトタイプの写真などをアップロードすれば、子供の評価委員が24時間以内に意見を述べてくれるようになっています。

　このような手法が可能になった理由はなんでしょうか。それは、低コストで素早く意見を募る情報通信技術が発達したことです。インターネットが普及し、情報入手が革命的に容易になったことで、プロと生活者の情報の非対称性が小さくなったこともあります。YouTubeのように、作品のつくり手と視聴者がはっきりと分かれずに、一体となった場ができてきたことも背景にあるでしょう。「売り手」と「買い手」の境界が曖昧になっているのです。

　では、このような製品開発における、売り手の付加価値はなんでしょうか。それは、着想したアイデアを物理的な製品に結実させる力に他なりません。原材料に関する知識、加工の技術、パッケージのノウハウ、売り切るための販路などなど。これらのオペレーションの能力が「違い」であり、成果をもたらす基盤です。これらのビジネスを実行する社内外のプロセスがバリューチェーン（113ページ参照）であり、それを実現する具体的なしくみが事業システムと呼ばれるものです。これらについては、「第Ⅲ部 戦略思考」でじっくりと考えていきます。

第6章のまとめ

✓ 顧客ターゲットの選定

　　ターゲティングははっきりしているかぼんやりしているかの違い

　　セグメンテーションの切り口を工夫する

　　リアルな人間を想定して発想を広げる

✓ 顧客の購買プロセスの分析

　　顧客の購買プロセスを知る

　　自分のフォーマットを疑う

　　自分の仮説を確認する

　　発見とは創造である

✓ 顧客のニーズに機敏に対応する

第Ⅲ部
戦略思考

Strategy

第7章 希望はどのように語りうるか

1 戦略を構成する要素

宝島の地図

スティーブンソンの小説『宝島』では、主人公のホーキンス少年が、財宝が眠っているであろう宝島の地図を入手します。そのくすんだ布に書かれた地図が、大冒険の原動力になった希望になります。希望とは、そのような行動を喚起するなにものかです。ビジネスにおける戦略は、企業価値、すなわち将来の期待値を長期的に高めるような展望や希望です。

財宝のありかを地図に記述する目的は、自分自身の備忘録か、もしくはだれかにそれを伝えることです。戦略を記述する目的も同様です。その主たる目的は他の人々の協力を得ることです。従業員の協力、資金提供者の協力、仕入れ業者の協力などを得たいのです。戦略は、組織の内部や関係者に向かって発信される、内向きのベクトルを持ったメッセージです。

人々の協力を得るためには、頻繁に戦略を書き換えるわけにはいきません。読み手が混乱し、活動の足並みがそろわなくなるからです。戦略は、コロコロ変わるものではなく、一定期間継続したマネジメントに展開できるものでなければなりません。ビジネ

スにおいて、宝島の地図に相当するものをいかに記述するかが戦略思考のテーマです。

戦略の構成要素

具体的に、戦略を記述した例を見てみましょう。三井物産が2020年5月1日に公表した「新中期計画2023〜変革と成長〜　新たなステージに向けたコミットメント」を取り上げます（https://www.mitsui.com/jp/ja/company/outline/management/plan/pdf/ja_203_4q_chukei.pdf）。

同計画では、2023年3月期時点の「KPI（Key Performance Indicator: 重要経営指標）」として、次の3つの目標を掲げています。

- 基礎営業キャッシュ・フロー　5,500億円
- 当期利益　4,000億円
- ROE　10%

その上で、「『変革と成長』を実現する6つのCorporate Strategy」を挙げています。

1. 事業経営力強化
2. 財務戦略・ポートフォリオ経営の進化
3. 人材戦略
4. Strategic Focus
    ・エネルギーソリューション
    ・ヘルスケア・ニュートリション
    ・マーケット・アジア
5. 基盤事業の収益力強化と新事業への挑戦
6. サステナビリティ経営／ESGの進化
    ※筆者注：1〜3には「変革」、4〜5には「成長」というタイトルがつけられている。

「1. 事業経営力強化」には、「組織を超えた知見の横展開」など、人材を中心とした全社視点での経営資源配分の方針が示されています。

「2. 財務戦略・ポートフォリオ経営の進化」では、「より柔軟で戦略的な資金配分を強化」するためのキャッシュ配分の方針が示されています。

「3. 人材戦略」には、「働き方改革」や「プロ人材」の活用などが示されています。

「4. Strategic Focus」では、新たな収益の柱を築く市場分野が示されています。天然ガス・インフラ・再生可能エネルギーに関わる「エネルギーソリューション」、病院および周辺事業の「ヘルスケア・ニュートリション」、デジタルエコノミーを見すえた「マーケット・アジア」で構成されています。

「5. 基盤事業の収益力強化と新事業への挑戦」では、金属資源、エネルギー、機械・インフラ、化学品といった会社の基盤となる事業の収益力強化、およびデジタル化対応を含めた新事業への挑戦をうたっています。

「6. サステナビリティ経営／ ESGの進化」は、気候変動など、ステークホルダーの関心が高い社会的な課題に対する取り組み方針を示しています。

以上の事例から、「はじめに」で解説した戦略の基本フレーム（図7.1）に基づき、三井物産の「希望」がどのように語られているかを整理してみます。

①どの程度の成果を目指すか：戦略目標の設定

　達成すべき定量目標（KPI：重要経営指標）として、「基礎営業キャッシュ・フロー」「当期利益」「ROE」の目標数値を示しています。このように、戦略思考を起動させるためには、到達すべき目標設定が必要となります。

②どの需要を狙うか：ターゲット需要の選定

　上記の戦略目標を実現するための、主たるターゲット需要を示しています。この事例では、「4. Strategic Focus」「5. 基盤事業の収益力強化と新事業への挑戦」が該当します。

③どのようにその需要を獲得するか：競争優位の創出

　さらに、上記の需要を獲得するための競争上で優位に立つポイントを示しています。「1. 事業経営力強化」「2. 財務戦略・ポートフォリオ経営の進化」「3. 人材戦略」および「6. サステナビリティ経営／ESGの進化」が該当します。

　①の戦略目標は会計思考から導かれ、②のターゲット需要の選定はマーケティング思考を前提にしています。ここで、3つの思

〈図7.2　3つの思考が目指す成果の時間的な違い（再掲）〉

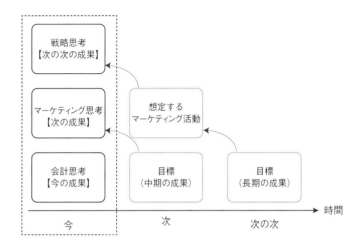

考の重なりを再度確認しましょう（**図7.2**）。戦略思考は将来に向けた競争優位の創出を目的とした思考ですが、それは会計思考とマーケティング思考が前提となっています。「次の次の成果」に向けて、会計的な目標を定め、その達成に向けたマーケティング活動を想定し、それを支えるリソースを築くという思考の順番になります。

　これら3つの戦略の構成要素を言葉にまとめると次のようになります。

【本書での戦略の定義】

> 将来の戦略目標を定め、ターゲットとする需要を選定し、競争優位を創出すること

将来のありたい姿を口で唱えているだけでは単なる願望であって、ビジネスとしては無意味です。将来に向けた現時点での実行が伴わないといけません。次の次の成果に向け、現時点で競争優位の創出に向けたアクションが取れるかどうかが肝心です。このことついて、P. F. ドラッカー氏は「最大の問題は明日なにをすべきかではない。『不確実な明日のために今日なにをすべきか』である（『[エッセンシャル版] マネジメント』）」と述べています。ドラッカー氏の「今日なにをすべきか」に対する端的な答えは、「将来の競争力（強み）になりうるリソースを今から形成していく」ことです。

2　熱い思いと冷徹な論理

戦略思考には強い意志が必要

　私たちは、個人や組織に備わっている技術、技能、設備、組織風土などをもとにしてビジネス活動を行っています。これらの現在のビジネスを可能としている基盤であり、将来の希望の前提でもある基盤のことを「リソース（経営資源）」と呼びます。リソースの中で競争相手との差別性をもたらし、利益に貢献するものが「競争力」、あるいは簡単に「強み」と呼ばれます。将来の成果のためには必要だが現在は持っていない（あるいは不十分な）競争力を見極め、時間をかけてつくることが企業価値を上げる基本課題（第2章45ページ参照）における「④競争力を形成する」です。

　経営リソースを形成するためにお金を使うということは、今を我慢して将来に備えることを意味します。手元に1000万円あるときに、すぐ売上に結びつくであろう広告宣伝に使うのではなく、

将来の製品開発のために研究所の人員を増やすといったことです。したがって、戦略思考によるリソース強化のための費用（投資）は、常に短期的な利益追求とトレードオフ関係にあります。短期と長期の費用配分は常に緊張関係にあるのです。

　また、将来に対する望みも1つとは限りません。将来に向けてより収益を安定させたい、よりリスクを低減したいということと、よりリスクを取って収益を拡大したいということの葛藤もあります。ビジネスの安定に向けては既存ビジネスに対して費用を振り向けることが妥当でしょうし、より積極的に収益を拡大したいときは、成長が見込まれる新規事業に果敢に挑戦することが有力な選択肢になるでしょう。会計思考で見たように、お金は短期的に成果が上がるものへ流れる傾向がありますから、敢えて長期的な成果を見すえた投資に資金を回すためには、強い意図を持った意思決定が必要になります。

　長期的に考えるとは、1つひとつの意思決定において、将来を見すえてどのように判断するかということです。戦略思考は単なる将来見通しや整然としたシナリオをつくることではありません。それらを踏まえた継続的な意思決定につなげて行くべきものです。この点においても、粘り強いぶれない意志が必要です。

　長期的に取り組む活動の結果は、将来にしか現れません。意思決定の良し悪しが、会計思考やマーケティング思考のようにすぐに答えが出るものではありません。ですから、結果を確認しながら修正して、妥当な方策を探るというやり方ができません。したがって、どうしても将来をどうしたいのかという「思い」や「目標」を優先せざるをえなくなります。どうしたいか、どうなりたいかという熱い「思い」が先にあり、それを実現する現実的な方

針を検討するために、論理を追った戦略思考が必要になります。

理念・ビジョンと戦略の違い

　ビジネスの希望を表明したものには、戦略の他に、「経営理念」や「ビジョン」があります。ここで、それらとの違いについて確認しておきます。

　「経営理念」とは、組織が共有すべき普遍性を持つ信念・価値観であり、組織として社会に対する貢献分野などを示したものです。組織の憲法、守るべき指針です。そのような共通の価値観があるからこそ、時代を超えて従業員が同じベクトルで行動することが可能になります。

　総合商社の三井物産では、MissionとValuesとして、次のような言葉を掲げています。

Mission
世界中の未来をつくる
大切な地球と人びとの、豊かで夢あふれる明日を実現します。

Values
「挑戦と創造」を支える価値観

変革を行動で
私たちは、自ら動き、自ら挑み、常に変化を生む主体であり続けます。

多様性を力に
私たちは、自由闊達な場を築き、互いの力を掛け合わせ最高の成果を生みます。

個から成長を
私たちは、常にプロとして自己を高め続け、個の成長を全体の成長に
つなげます。

真摯に誠実に
私たちは、高い志とフェアで謙虚な心を持ち、未来に対して誇れる仕
事をします。

　　〈https://www.mitsui.com/jp/ja/company/outline/idea/index.html
　　　2020年5月22日〉

　「ビジョン」とは、経営理念を受け、ある時点までこうなって
いたいと考える到達点のことです。三井物産では次のように表現
しています。

Vision
360°　business innovators
1人ひとりの「挑戦と創造」で事業を生み育て、社会課題を解決し、
成長を続ける企業グループ。

　上記には具体的な到達時点は示されていませんが、到達したい
将来の姿が言葉で表現されています。グローバルに事業を展開す
る総合商社らしく、英語が使われています。また、「○○年まで
に世界シェア○％」や、「△△年に営業利益率○％」といった定
量的な表現もビジョンによく用いられます。
　経営理念やビジョンと、今議論している戦略とはどう違うので
しょうか。戦略とは、経営理念に基づき、ビジョンを実現するた
めの道筋・方法です。私たちが考えうる範囲での、仮説としての
おおまかな行動指針です。将来の市場環境を踏まえて、目標を達
成するための手段が記述されたものです。
　ビジョンがある種の願望、憧れを伴う理想郷を表現したもので

あるのに対し、戦略には現実的に「できる」という冷徹な筋道が強調されます。戦略はクールで論理的な希望です。「できる」理由の根本には、将来の顧客が積極的に自社を支持してくれる基盤となるもの、すなわち競争力をどのように形成していくかが記されているはずです。戦略には熱い意志が必要だと先に記しましたが、一方で「できる」道筋を築く冷徹な思考が必要です。「思い」の熱さと、「論理」のクールさの両者が必要なのです。

戦略はいくつかの代替案から選択されたもの

宝島の地図は、本当の財宝に出会うまではだれも保証できない仮説にすぎません。ビジネス上の戦略もまったく同様に、どんなに論理的に整合していたとしても、あくまでも仮説です。しかも、ビジネスの場合、財宝のありかは一箇所に留まっているわけではありません。環境の変化とともに仮説は変わり、その地図は刻々と書き換えられるべきものです。

戦略は将来を描くことですから、当然ながら不確実性が大きくなります。将来想定される状況により、検討すべき策は変わります。政治動向や為替レートの変動、あるいは大規模な自然災害など、将来の不確定要素は数限りなくあります。不確実であるがゆえに、戦略は複数の代替案を持つ必要があり、それらを戦略代替案と呼びます。環境変化に応じて機動的に行動が変えられるように準備をするということです。そのいくつかの代替案の中から選択されたものが、世に現れた戦略です。

したがって、（戦略ではなく）戦略思考を正確に記述しようとすれば、考えうる選択肢をすべて挙げ、その中から最も妥当なものを選び出す基準、および選択された代替案を記さなければなりま

せん。当然ながらそれらの記述には膨大な労力がかかります。仮に膨大な記述を完了したとしても、その記述ができた頃には新たな思考が生まれ、その記述を更新しなくてはならないはめになります。したがって、戦略思考を正確に記述することは不可能といってよいでしょう。

戦略は頭の中にある

経営学者の三品和広氏は『経営戦略を問い直す』の中で、「戦略はどこに存在するのか。（中略）答えは、経営者の頭の中です。組織や文書に戦略が宿ることなどありえません」と記しています。私たちが目にする「戦略」は、紙に書かれたりプレゼンテーションで示されたりしたものなので、この表現は意外なものに映りますが、未来の打ち手について事前に「決め打ち」はできないということです。

また、同氏は「戦略とは『本質的に不確定』な未来に立ち向かうための方策です。戦略には『能動的に』というイメージが付きまといますが、実際には、次々と想定が崩れていき、思わぬ方向から、そしてありとあらゆる方向からタマが飛んできます。飛んできたら受けないわけにいきません」とも記しています。未来時点での成果を考えるときには、想定外の事象に否が応でも対応しなければいけないということです。

三品氏は、将来の不確実性を強調しています。したがって、将来の方針はどの時点であっても確定することができず、常に経営者の頭の中で思考されるべきものであることを説いています。このような不確定な未来に機敏に対応するには、「鼻が利く」といったある種の記述不可能な能力とセンスが必要です。優秀なアス

リートやアーティストの世界と同じです。それを踏まえた上で、すべてのビジネスパーソンが努力できることは、将来に備えてできるだけ多くの代替案を準備しておくことです。「紙に書かれた戦略」は、多くの代替案の中からある時点で最善であると評価された案ということができます。その案を採択した前提が変われば、他の代替案を前面に出すことになるでしょう。

3　目標がなければ始まらない

まず欠如感が要る

　先の三井物産の例では、2023年3月期の目標として、「基礎営業キャッシュ・フロー　5,500億円」「当期利益　4,000億円」「ROE　10%」が掲げられています。これらの数値が目標となりうるためには、目標を掲げた時点で、実現が簡単ではなく、相当程度の努力が必要だと認識されていることが前提になります。ちなみに、同計画が策定された時点の業績(2020年3月期)は、「基礎営業キャッシュ・フロー　5,610億円」「当期利益　3,915億円」「ROE　9.7%」でした。キャッシュ・フローについては現状より目標水準が低く、その他の目標も控えめですが、2020年に発生した新型コロナウィルスの影響を考えると、相当に挑戦的な目標といえるでしょう。

　労働経済学が専門の玄田有史氏は『希望学』の中で、「希望とは欠如である」と語っています。「これでいい」と満足してしまっては、希望は生まれないということです。「足るを知る」という、現状をあるがままに受け入れ、現実の枠の中で幸せを見つけていくといった達観した考えではダメだということです（戦略を

思考する上でダメだということで、人生訓としては立派な考えだと筆者は思っています）。なんらかの欠如感があり、その欠如を埋める期待が希望です。

　目標があって初めて戦略思考が起動するとはどういうことでしょうか。それは、目標の程度（欠如の程度）により世界の見方が変わるということです。目標がなければ、世界をどのように見ればよいか途方にくれてしまうのです。

　たとえば、アフリカ市場についての知識が乏しいものと想定しましょう。アフリカ市場への進出を検討すべきかどうか、その問いかけ自体に答えはありません。それは目標次第です。国内市場でのシェアアップだけで目標に達しなければ、海外市場への展開を検討する必要があるでしょう。さらに海外市場の中でも、なじみのある先進国や新興国市場での売上増で目標に達しないことが予想されるなら、アフリカ諸国など、発展途上にある国への進出も考えなければならないでしょう。

　このように、まず目標を設定することによって、思考の範囲を定める必要があります。もしこれが曖昧なら、組織のメンバーは、おのおのが勝手に目標を暗黙の中に置くことになります。それは思考の自由をもたらすものではなく、むしろ思考の範囲を個人の感覚において勝手に制限し、思考の停滞をもたらすことになります。

2種類の戦略目標

　さて、戦略目標を策定するにあたり、一般的に次の2つのアプローチがあります。

①消極的なアプローチ：既存事業の収益力低下

　これは、現状のビジネスの推移から予想収益を計算すると、次のような事態が予想される場合です。

　「資金繰りが苦しい（倒産の危機！）」

　「投資家に約束した利回りが出ていない、（上場企業であれば）株価が下がっている」

　「中期経営計画の目標に達しない」

といった事態です。

　生存のための危機感は、行動の強い原動力になります。火事場の馬鹿力を発揮して危機を乗り切った経験は多くの人が持っているでしょう。しかし、このような動機づけでは、業績が安定している局面では行動が停滞することになります。将来に向けた戦略思考を起動させるためには、より積極的な目標設定をする必要があります。

②積極的なアプローチ：志とのギャップ

　戦略思考は基本的に「将来の備え」として機能するものですから、欠如は目に見えるものではなく、自分の心の中で想像として描かなくてはなりません。「①消極的なアプローチ」で見たような欠如が顕在化する前に、すなわち経営が悪化する前になんらかの欠如を感じる意識が必要なのです。ビジネスが順調なときに、敢えて欠如を感じることができるかどうか。それが常に戦略を考えることができるかどうか、ビジネスを行う上で「戦略的」になれるかどうかの分かれ目です。

　そのためには、個人の思い、言い換えれば「志」が必要になります。この志は、戦略思考を起動する前提として存在するもので

すから、論理的な思考で現れるものではありません。個人として
のこだわりや生き様、信念といったものに関わるものです（先述
した「熱い思い」の議論を思い出してください）。

　志という言葉を持ち出すと、志が持てなくて悩んでいる人が思
い浮かびます。やりたいことが見つからないという、思春期にあ
りがちな悩みと似ています。それは、志という言葉がなにか高貴
なもの、背伸びした目標をイメージすることによるものだと思わ
れます。しかし、志とは、決してそのような立派なものだけでは
ありません。

　先に「志が必要になる」と記しましたが、実はその表現は正確
ではありません。私たちは、ものを考える際の前提として、必ず
なにかしらの思い、価値観、実現したいレベル感といったものを
持っています。たとえば、ランニングを始めた人は、「とにかく
体を動かしたい」「10キロくらいは走りたい」「マラソン大会に
出たい」などの思いを持っているはずです。そういった思いを意
識しているかどうか、自覚的であるかどうかということで行動に
差が出ます。ビジネスでも、「志がある」ということは、自分が
持っている目標について自覚的であるということです。志はだれ
もが持っているものなのです。

　「志を持つ」というのは、自分がそもそもなにをしたいのかを
はっきりさせ、言語化し、自覚を持つということです。自分の思
いに自覚的になり、その上でそれが自身の置かれている期待や環
境と整合的であるかを自問自答することです。そういった思考経
験の積み重ねがビジネスの思考を深くし、目指す成果を生み出す
確率を高めていくのです。

「やりたい」と「できる」のバランス

ジョン・レノンの歌「イマジン」に、「みんなが今日だけのために生きることを想像してみよう」というくだりがあります。今日だけに注目すれば争いは起きない。未来をあれこれ考えるから争いが起きるという反戦的なメッセージです。ビジネスの戦略思考、すなわち将来の意図をつくる作業において、このことは注意しておく必要があります。将来の希望は、前向きなエネルギーになるとともに、過度の競争を促進してビジネスの担い手を疲弊させたり、社会との軋轢のもとになったりする場合があります。

一方、オーバーエクステンションという言葉があります。多少無理をしないとビジネスの拡大は望めないということです。現実的というのは保守的ということにもつながりますから、その反対に無理をすることが成長の原動力であるという考え方も成立します。

高い目標を掲げた戦略に固執しすぎると、いわば戦略原理主義とも呼べる無謀なマネジメントになり、現実的すぎると小さくまとまってしまう恐れがあります。戦略思考では、この両者のバランスを取ることが求められます。「やりたい」と「できる」のバランスが求められるのです。

意図を持つことは、環境をねじ曲げてまでやりたいことを目指すということではありません。志がないとビジネスは始まりませんが、それはあくまで戦略思考を起動させるきっかけと心得てください。

第7章のまとめ

✓ 戦略を構成するもの

    ①戦略目標の設定

    ②ターゲット需要の選定

    ③競争優位の創出

✓ 戦略思考には強い意志が必要

✓ 戦略は頭の中にある

✓ 戦略目標

    消極的なアプローチ：既存事業の収益力低下

    積極的なアプローチ：志とのギャップ

第8章 「早さ」と「速さ」の競争優位

1 競争に関心を向ける

将来の需要は「ある」ものとして考える

　第7章の後半では、戦略思考の第1の要素である戦略目標について説明してきました。次の要素は、「どの需要を狙うか」を決めることです。先の三井物産の例では、成長分野として「エネルギーソリューション」「ヘルスケア・ニュートリション」「マーケット・アジア」、基盤事業として金属資源、エネルギー、機械・インフラ、化学品が挙げられていました。

　将来の需要を予測するには、人口、世帯数、所得の伸び、技術動向などのマクロ環境の予測から推定することが一般的です。新興国の所得が将来上がるから、自動車の需要が増加するだろうといった具合です。会社が将来のシナリオを描くときには、このようななんらかの見通しを立てなければなりません。

　しかし、そのような見通しをどれだけ精緻に積み上げたとしても、将来の需要が「確実に」あるかどうかを知ることはできません。商業施設やテーマパークの建設時の入場者予測がはずれて、苦しい経営を強いられる例は枚挙にいとまがありません。詳細なリサーチを行い、どんなに統計的な手法を駆使したとしても、そ

の確実性には限界があります。

　戦略思考は、狙いとする市場において「需要が確実にあるかどうか」を精査するものではありません。それは個別のビジネスに関する、むしろ技術的な専門知識に属することです。「ある難病を治療する新薬」「人工知能による自動運転」にどれほどの需要があるかは、それぞれの分野の専門家が予測すべきことです。このような予測ではなく、戦略思考は、「需要があるとすれば」どのような手を打つべきなのかを考えるものです。言い換えれば、戦略思考は、需要の存在は「所与」として扱わざるをえないということです。ある想定された需要において、将来どのような競争が起こり、どのような手を打つべきかということに議論のテーマが限定されます。

　このように書くと、需要をあるものと限定して思考を進めるとは、なんて乱暴な議論なんだ、危険すぎるのではないかと思われるかもしれません。需要の確実性は分からないといいながら、需要をあるものとして議論を進めるということに矛盾はないのか、という疑問です。

　もちろん、将来の需要があるかないか、その確率はどの程度なのかは重大な関心事です。しかし、それはそもそも分からないことですから、現時点でできることは、「需要がありそうなもの」を取り上げ、その需要があるものと仮定して、将来に向けた準備をすることだけです。もし、ある需要が発生する可能性が相当程度高く（日本で高齢化が進むことで健康関連需要が増える、など）、その分野で競争優位に立てる見通しがあれば、ある程度大胆に投資をしてもよいでしょう。逆に、需要の見通しが不確実であれば（自動運転車のシェアが近い将来急速に上がる、など）、その仮説に立

ったシナリオだけに固執するのは危険です。その場合は、複数の
シナリオを立て、それぞれの需要について戦略思考を巡らせる必
要があります。

2000年当時、インターネット販売はまだ黎明期でしたが、当
時の事業家には「もしインターネット販売の利用者が増えるとす
れば」という前提でしか戦略は思考できなかったはずです。その
ような思考で入念に準備をし、他社よりも先に手を打った会社が、
結果として成果を上げたといってよいでしょう。

戦略思考は競争相手に関心が向かう

さて、ひとたびターゲットとする需要を定めた後の問いは、次
のようなものです。

「将来、社会はどのように変わり、買い手のふるまいはどのよ
うに変わるだろうか」「将来顧客にすべき人々はだれなのか」「そ
れらの人々に対価を支払ってもらうにはなにをすべきだろうか」。
これらの問いに対し、マーケティング思考のように「今の顧客」
を注視すれば答えが見つかるでしょうか。残念ながら、将来の顧
客がどのようなものが欲しいかについては、現在の人々を眺めた
り、問いかけたりしても分かりません。

その結果、私たちの関心は必然的に競争相手との競争に向かい
ます。「仮に想定した需要があるとすれば」、他社はどのような手
を打ってくるのか、どのような競争になるかに関心が移動するの
です。したがって、その競争における優位性をいかに確保するか、
すなわち「競争優位」をどう築いていくかがテーマになります。
それが、戦略の3つ目の要素、「競争優位の創出」です。

将来の競争優位を考えるためには、単に現在の競合の状況を見

〈図8.1　マーケティング思考と戦略思考の主たる視線の違い〉

マーケティング思考

戦略思考

顧客

競争
相手

顧客

競争
相手

顧客への視線
のウェイトが
高くなる

自社

自社

競争相手への
視線のウェイ
トが高くなる

るだけでは十分ではありません。将来時点で競争相手がどのような出方をしてくるか、さらにどんな新たな競争相手が出現するかを考えなくてはなりません。私たちと同じような思考能力を持ち、同じような情報を持っているとすればどのようなビジネス展開をしてくるか。競争相手のリソースを想像し、彼らが企業価値の向上をどん欲に追求したときにどのような手を打ってくるか。そのときに、この業界はどのような競争になるか。このようなことを考えなくてはいけません。

　マーケティング思考は、「既存の競争状態を前提」として「顧客の関心事を見極める」ことに力を注ぎます。戦略思考は、「将来の需要を前提」として「競争相手の出方を想定」します（**図8.1**）。マーケティング思考において顧客の関心事をくみ取る力を競い、戦略思考において競争優位、すなわち将来の成果を生む能力の蓄積を競うのです。

競争相手をアイデアのきっかけにする

　主たる視線を競争相手に注ぐことで、自社の強みと弱みを鮮明にあぶり出すことができます。たとえば、日本の家電業界を考え

てみましょう。低コストを武器とした新興国の競争相手を想定したときと、先進国の製品企画力を武器とした競争相手を意識したときでは目指す競争優位が異なります。自社の強み・弱みのポジションが変わるからです。強み・弱みの分析の詳細は「第9章 発想を広げる市場環境分析」で解説しますが、ここでは、競争相手の設定により思考がどのように変わるかを見ていきます。

　新興国メーカーと比較すると、製品開発技術は自社が優れており、コスト面で劣っているとしましょう。このとき、強みを活かす施策としては「製品開発技術」が想定され、克服すべき弱みは「製造コストの低減」であることが導かれるでしょう。一方で、先進国メーカーと比較すると、新たなコンセプトを掲げた製品企画力に劣り、日本人の利用実態に適合した製品開発に強みがあるとします。この会社を主たる競争相手とみなしたときには、新たなコンセプトを開発する人材の獲得・育成が克服すべき課題であることが導かれます。

　こう考えると、どの会社を競争相手と想定するかも重要な意思決定事項であることが分かります。将来時点の競争相手がどのような会社であり、その時点でどのような競争が繰り広げられるかを想像する必要があるのです。

2　競争優位の実体

競争優位を築くために実行できること

　戦略思考の最終ステップは「競争優位の創出」です。将来の需要のありかの仮説を立て、その需要における競争を想定し、競争優位を創出する。三井物産の例では、投資の配分方針、および人

材・マネジメントの強化などが挙げられていました。

　将来の需要と競争を想定するという点で、戦略思考の意識は将来に向かいます。しかし、それらの想定を今着手できる行動に結びつけるために、意識は再び現在に戻す必要があります。欠如を認識し、今からそれを埋めていく作業に取りかかります。もちろん、いろいろなことを検討した結果、今はなにもすべきではないという結論が導かれることもあるでしょう。「今はやらない」というのは1つの意思決定です。しかし、十分に検討していないのですべきことが分からない、なんとなく日常が平穏に過ぎているのでなにも考えていないといった事態は避けなくてはいけません。

　あなたのビジネスにおいて磨いていくべき競争優位はなんでしょうか。使い込まれてチューニングされた生産設備、他社に先行した研究開発の技術、歴史を通じて広く張り巡らせた販売網、さらにはあなた自身の知識・ノウハウなど、いろいろと思い浮かぶものがあるでしょう。

　あるいは「お金」と考えた人もいるかもしれません。しかし、お金は先に挙げたものとは性格が異なります。お金そのものはリソースにはなりません。お金は、そのまま（金庫の中の現金や、銀行に預けたままの状態）ではビジネス活動に貢献しません。お金はリソースを獲得するための手段にすぎません。会計思考で記したように、ビジネスに必要なのは、お金をなにに替えるかというアイデアです。将来の希望をつくるために、お金をどのようなリソースに替えるかが問題なのです。

　以降、競争優位の実体を「コア技術」と「オペレーション能力」に分けて論じます。「コア技術」とは、ビジネスの核となる技術のことです。「オペレーション能力」とは、商品開発プロセ

スや生産プロセスなど、社内のオペレーションに関する能力、あるいは部品のサプライヤーや流通業者など、社外のパートナーとの関係をつくる能力のことです。

競争優位①：コア技術

1990年、『ハーバード・ビジネス・レビュー』誌に掲載された、米国の研究者による「コア競争力の発見と開発」という論文が話題になりました。会社の強みの中の、真に中心となる強みはなにかというテーマです。短期業績を重視するあまり、事業単位（テレビ事業や化粧品事業といったマネジメントの単位）のM&Aを繰り返す米国企業への警鐘として、企業の根幹になる競争力を蓄積することこそが経営の大事であることを提言しました。そこでモデルとされたのは、ホンダやNECなどの日本企業です。

同論文で指摘されているコア競争力の実体は、自然科学に根差した技術でした。コア競争力としての技術（ホンダであればエンジンをつくる技術）が根っこにあり、そこから伸びた幹としてコア製品（エンジン）があり、最終商品としてさまざまな花を咲かす（自動車、二輪車など）という構図です。

コア競争力と称することのできるリソースは、次のような特徴を備えたものとされています。

①模倣困難
　他社がまねしにくいものであること。
②顧客価値
　顧客の価値を実現するものであること。
③展開可能性
　さまざまなビジネスの展開に役立つもの。

例として挙げられているホンダの「エンジンをつくる技術」で確認してみましょう。エンジンの開発・製造は長年の経験がものをいうので「①模倣困難」であり、快適な走行や燃費といった「②顧客価値」に直結し、四輪自動車や二輪のオートバイなどの「③展開可能性」がある、まさに優秀なコア競争力だということができます。

容易にまねをされない独自技術は一朝一夕に生まれることはないからこそ、「次の次」の成果を目指し、時間をかけてリソースを形成する戦略思考が必要になります。

技術知識は避けては通れない

本書で、技術に関して記述できることはほとんどありません。しかし、少なくともいえることは、ビジネスの意思決定において、技術の可能性や制約を踏まえない決定はまったくのナンセンスであるということです。

たとえば、製造技術からほど遠い筆者のビジネス（経営コンサルティング業）は、少なくともIT技術の上に成り立っています。扱えるソフトウェアで仕事の生産性が著しく変わり、提案書や報告書の見栄えが変わります。筆者の事業の将来を考えるにあたり、情報通信やwebの技術が分からないと、ホームページでなにが表現できるかも想像できません。

決して技術の専門家になれといっているわけではありません。しかし、なにが意思決定に決定的な影響を与えるかについて、おおよその知識を持つ必要があります。ビジネスの成果に責任を持つ立場になるときには、このことは特に重要になります。技術的なトラブルや、顧客からのクレームに対応する手がかりすらない

ようでは、責任あるリーダーとはいえません。技術的な問題は、解決のためのコストや時間と相関する問題でもあります。企業価値に貢献するための意思決定をするためには、ここから逃げるわけにはいきません。なにを優先し、なにを捨てるのかというロジックを素早く組み立てる能力が問われるのです。

戦略思考では、具体的なマーケティング施策に結びつくほどの詳細な技術知識は必ずしも必要ではありません。しかし、リソースを形成すべき分野を見極める程度の、基礎的な知識は必須です。技術とは、先人の研究成果を活かした応用可能な堅固な知識の集積です。製造業であれ、サービス業であれ、すべてのビジネスはそうした技術の上に成り立っています。社会生活そのものがそうだといってもよいでしょう。私たちはビジネスの価値を左右する技術について学ばなくてはいけません。

競争優位②：オペレーション能力

競争力の実体は技術だけではありません。技術とは呼べない分野、たとえば取引業者との関係や社内および会社間のマネジメントの工夫に関するものもあります。これらを本書では「オペレーション能力」と呼びます。三井物産の例では、競争優位の創出方針として、「組織を超えた知見の横展開」や、人材活用の具体策として「グローバル・グループのネットワークを活かした適材適所配置で『プロ人材』活躍を後押し」などが挙げられています。昔からいわれている「人の三井」ならではの方針ですね。商社はメーカーとは違って技術的な際立ったリソースを持ちませんから、社員個人の能力と組織のマネジメントが重要だということでしょう。

オペレーション能力は、社内外にわたる業務の設計（事業システム）と、それを動かすマネジメント活動に分けることができます。前者の仕事の設計方法に関しては、この分野の基本書ともいえる加護野忠男氏の『競争優位のシステム』で詳しく解説されています。そこでは、事業システムの骨格をなす2種類の基本的な選択が示されています。

---

①どの活動を自社で担当するか
②社外のさまざまな取引相手との間に、どのような関係を築くか

　また、人の活動の調整のために、次の項目についてしくみをつくる必要があるとされています。

---

①誰がどの仕事を分担するかについての分業構造の設計
②人々を真剣に働かせるようにするためのインセンティブ・システムの設計
③仕事の整合化のための情報の流れの設計
④仕事の整合化のためのモノの流れの設計
⑤仕事の遂行に必要なお金の流れの設計

　一見同じビジネスを行っていても、業績が著しく優れている会社があります。たとえば、コンビニエンスストアのしくみは各社とも似たようなものですが、セブン‐イレブンと他のコンビニの収益力には差があります。先に挙げた「活動の調整」の5項目にしたがって考えると、コンビニエンスストアでは、**表8.1**のような事業システムの違いが収益力の差につながっていると考えることができます。

　なお、これらのしくみは、すべて店頭の状況に応じた販売を支援するものとみなすことができます。「ほしいものが常にある」

<表8.1　コンビニエンスストアの事業システム>

①分業構造	本部と店舗オーナーの役割分担。本部は店舗フォーマットの開発、商品開発、情報インフラ構築など。店舗オーナーは店舗運営、店舗スタッフの採用・育成など。
②インセンティブ・システム	店舗オーナーの意欲に影響する、店舗の売上から本部に支払う費用の取り決めなど。
③情報の流れ	本部から店舗への、店舗在庫を切らさないように発注を促進するしくみなど。
④モノの流れ	メーカー、物流倉庫、店舗間の物流のしくみなど。
⑤お金の流れ	店舗オーナーの資金繰りを円滑にする金融のしくみなど。

という、コンビニエンスストアに求められる価値を体現するためのしくみです。オペレーション能力を築いていくとき、それがどのような顧客価値に向けられたものなのかを明確にする必要があります。

　事業システムを検討することで、私たちの関心はビジネスの全体に向かいます。全体を俯瞰してビジネス活動を一連のシステムとして捉え直し、さらに鍛えるべき強みと、克服すべき弱みを見出すことにより、将来に向けた活動のアイデアを得ることができます。

　マーケティング施策の1つである「流通」において、メーカーが卸売業や小売業を活用するのも事業システムの一部です。流通側だけでなく、材料の購買、製造、物流などの供給側も含めた広範囲なバリューチェーン全体を捉えたものが、事業システムです。

強みとしてのマネジメント

　競争相手と差別化された事業システムは重要なリソースですが、それだけでビジネスの成果が決まるわけではありません。どんなに高性能なコンピュータシステムを導入しても、利用者が使いこなせなければ効果が出ないのと同じです。ビジネスも、そのしくみの設計がよくても、その設計図に合わせて人々の活動をうまく調整できなければ、絵に描いた餅にすぎません。事業システムと、社内外の関係者の日々のマネジメントが融合したものが「オペレーション能力」です。

　ビジネスは、あらかじめプログラムされたロボット同士の闘いではありません。優れた事業システムは、優れたマネジメントによって個人の意欲的な行動に結びつけられて、初めて威力を発揮します。

強みは「早さ」と「速さ」

　コア技術にしろ、オペレーション能力にしろ、それらが顧客価値に直結し、他社からまねされにくいものが競争力とみなされることは了解されるでしょう。

　ここで、これらの強みを別な観点から見ていきましょう。まず、これらの強みが発揮されている状態を考えてみます。それは、マーケティング活動や収益性の向上（コストダウンや資金効率の向上）において具体的な効果がもたらされている状態です。

　そのような状態とは、製品開発にしろ、販売にしろ、顧客が価値を認めるレベルに競争相手よりも「早く」到達できている状態と言い換えることができます。たとえば、コア技術による開発力とは、技術的な課題に対し、他社よりも「早く」解決策に到達で

きることを指しています。一見すると、「早さ」とは関係のない「高い加工精度の技術」という強みであっても、他社よりも「速く」品質基準にかなった製品が製造でき、「早く」出荷できるということで成果に結びついているはずです。それが単位時間あたりの生産量の優位をもたらし、コストの優位性につながります。

　また、オペレーション能力に属する「材料調達力」は、品質基準に合致した材料を、要求された量やコストにおいて他社よりも早く確保することができる能力のことといってよいでしょう。いずれにしろ、他社よりも時間的に先行しているという状態です。

　結果が「早く」出るということは、意思決定や行動が「速い」ということです。「速い」とは動作が速やかなこと、「早い」とは時間的に「前」であることです。「速く」行動することで「早く」成果を上げることができるのです。

　ここで、会計思考で示した「お金は時間的に早く手にすることが必ず善である」ことを思い返した人もいるでしょう。お金の獲得時点が、現在時点よりも時間的に遠くなればなるほど、割引率が大きくなるので、現在価値は低くなることを思い出してください。「速く」行動して「早く」キャッシュインすることを可能にする力を「強み」「競争力」と称しているのです。

強みは常に追いつかれる恐れがある

　このように、「強み」を「速さ」「早さ」といった時間軸の中で考えることは、強みの「発揮」だけではなく、「蓄積」に関する議論にも有効です。筆者が以前勤めていたワコール社は、創業当時、全国の主な百貨店とわずか3年で取引を成立させました。この行動の速さが、新興企業にもかかわらず、主要販路での高シェ

アをもたらしました。「販売力」の源泉は、交渉のスピードだったのです。

　強みは、常に他社に追いつかれる可能性があります。かつて日本の電機メーカーは、製品開発や製造品質において、欧米のメーカーに追いつけ追い越せと頑張っていました。今では、新興国メーカーが日本企業に追いつき、またある領域では追い越し、家電市場の覇権を競うようになっています。

　会社の強みは、常に競争相手からキャッチアップされるリスクにさらされています。それゆえ、革新的な発明に対しては、特許という社会的な制度でそこからの恩恵が守られています。特許制度という競争相手からの防御策があるからこそ、多額の費用をかけて新製品の開発に挑むことができるのです。

　イノベーションとは、他社との差を一気に開き、キャッチアップまで相当の時間がかかる技術開発ということができます。集団で走っていたマラソン競技で、急にスパートをかけて前に飛び出すようなものです。ただし、そのような強みも、いずれ他社に追いつかれる可能性はあります。他社が猛烈に追いついてきた場合は、他社を先回りしてさらに先へ行く強みを「早く」築いていくしかありません。もし、他社の追随に対する対抗手段がなく、追い越されることがはっきりし、かつ大きくシェアを奪われることが避けられない状況であれば、そのときが事業領域の変更（第2章45ページの「企業価値を上げる基本課題」の5つ目）を検討するタイミングといえるでしょう。

3 「人」を前提とした戦略

会計思考との関連

　先に見たように、戦略思考において、会計思考は思考を立ち上げる際の目標設定においてなされます。マーケティング思考では、期待される利益を顧客の維持・拡大のための「与えられた制約条件」として扱いましたが、戦略思考では、向かうべき成果としての目標、すなわち戦略目標として積極的に検討されるものになります。マーケティング思考とは異なり、意志としての目標がより重要になります。

　また、戦略思考によるアクションの分かりやすい例は「投資」です。将来の生産量拡大や新たなビジネス展開に備えた土地や設備の購入、他社の買収などです。投資意思決定の判断方法は第1章で見た通りです。原則的には正味現在価値（NPV）が高い投資案件が採用されますが、投資の利回りの観点では内部収益率（IRR）による判断も有効です。

　土地や設備などの固定資産を取得すると、貸借対照表に記載されます。貸借対照表では、書式の右側（負債の部・純資産の部）にお金の調達方法が記載され、左側（資産の部）にそのお金をもとに調達されたリソースが記載されます。そこには、ビジネス活動の基盤となっている会社の財産一式が記載されています。資産の合計値、すなわち総資産の金額が、会社のリソースの会計的な価値を表しています。

　ここで、ビジネスの成果を示す最も重要な指標、総資本利益率（ROA）を思い出しましょう。ROAは、経常利益を総資産（期首と

期末の平均）で割ったものでした。分子の利益額が同じであれば、資産は少ない方がROAは大きくなるので、より効率的なビジネスだということができます。できるだけ少ない資産でより多くの利益を出すことが高い評価につながります。これは、第3章で確認した通りです。このことは、積極的な資金調達による投資活動が、ROAに関してはマイナスに作用する可能性を示しています。戦略思考では、競争力を高めるためにリソースを強化することを狙いとしているのに、ビジネスの評価においては、リソースが少ない方が評価されるということは、いささか矛盾しているのではないかという疑問が生じます。

競争優位の源泉は「人」

　その疑問に対する答えの1つは、資産が増えたときには、それに応じて期待される利益も大きくなるということです。外部からの資金調達を増やしたり、内部留保を蓄積して総資本が大きくなったりするにつれ、さらに利益を上げるように努力しなければならないのです。

　もう1つの答えは、貸借対照表には現れないリソースを蓄積することが評価されるということです。お金で買えないリソースを強化することが、ROAを高めるためには重要なのです。そもそも、お金で買えるものだけでリソースを構成するわけにはいきません。強みとしての「コア競争力」や「オペレーション能力」はそのようなものであるはずです。お金で買えるものは他社も買えるものでもあり、それでは他社との違いを根本的につくることはできないからです。

　私たちは皆、お金で買うことのできない、手に入れにくい希少

なリソースをもとにしてビジネスを行っています。さまざまな製品に応用できる高分子化学の知識、微細な金属加工のための職人技、体にフィットする衣服をつくるための独自の型紙、店舗で気持ちよく買い物をしてもらうために経験を重ねた接客方法。このような「どこにも売っていない」技術や技能が収益の源泉です。

これらのリソースは、時間をかけて組織に蓄えられたノウハウ、個人個人の思考力、行動力といってよいでしょう。したがって、ビジネスを成り立たせている核心となるリソースは、組織を構成する人々の頭脳や心や体に蓄積されているのです。それらこそが「プライスレス」であり、他社にはない、自社だけが不公平に持っているリソースです。

会計思考では、お金の使い道を常に考えることが重要であると説きました。お金を大事にし、その使い方に頭を絞り、その上でお金で買えないものをつくり出す。貸借対照表に現れない、ビジネスの成果に密接に関わっているもの、ROAを押し上げる決定的な要素、それが「人」なのです。

投資家と事業家の違い

投資家は、収益が期待される金融商品に投資します。ビジネスへの出資や融資も同じ動機です。しかし、投資家は個々のビジネスに対する見通しに対し、事業家に比べて乏しい知識しか持ちえません。したがって、リスクを分散させるためにポートフォリオを組みます。ポートフォリオとは、複数の投資案件を組み合わせてリスクが偏らないようにすることです。競馬であれ、なんであれ、賭け事の基本はポートフォリオです。一点張りはリスクが高すぎ、負ける確率が高くなります。

ビジネスパーソン（事業家）にとっても、事業の領域を拡大するときはポートフォリオの発想になります。さまざまな成長機会を探るとともに、景気変動に左右されない安定性を獲得したいために、一点張りは避けたいと考えます。しかし、それは資金や人材の分散につながり、収益性の低下をもたらします。このやり方は、いわば「金持ちのケンカ」の仕方です。資金が潤沢にあり、広い情報網から投資機会を探る投資家にこそふさわしい方法です。

　事業家は、他社とは異なる見通しをもとに事業に挑みます。会計思考、マーケティング思考でともに議論したように、他社は大きなリスクと感じ、かつ自社はそれほどのリスクと感じない「リスク認識のギャップ」が収益の源です。資源を集中して偏ったオペレーションを行い、世間標準から離れた「異常値」としての成果を求めます。したがって、経営の迫力はビジネス領域を絞り込む局面に現れます。リスクを恐れて事業領域を拡散していくと、事業家の本領を失っていきます。

「人」はすぐには動けない

　事業家と投資家を比較して論じたのには、もう1つの理由があります。それは、人とお金の移動スピードには違いがあるからです。投資家のポートフォリオは、瞬時に投資先を変更できるという前提があります。お金は瞬時に動かすことが可能なので、新たな投資機会を虎視眈々とうかがい、見込みのなくなった投資案件に素早く見切りをつけることができます。

　かたや事業家は、プライスレスなリソースをもとに、事業領域を絞り込んで収益を得ます。そのリソースの核心となるものは「人」です。人はお金ほどすぐには移動できません。パソコンな

らソフトを書き換えれば瞬時に違う仕事ができますが、人間はそうではありません。ビジネスの先行きが怪しくなったからといって、明日からまったく違うことを始めるわけにはいきません。

　このように考えていくと、人の存在を前提とするかそうでないかによって、未来を考える思考はまるっきり変わることが分かります。事業家としての戦略思考は、「人で構成される組織をどうするか」という立ち位置で考えなければいけません。お金に比べて移動スピードの遅い、過去と現実に粘着した人間というリソースを抱えたところから発想せざるをえないのです。そのリソースを（人は会社の所有物ではありませんので、リソースという言葉は決して適切ではありませんが）将来の希望の基盤として考え、かつ制約条件として考えなくてはいけないのです。

　ただし、経営において雇用の確保が絶対だといっているわけではありません。ビジネスが窮地に立ったときに雇用を維持したいのであれば、その意思をバネにして、いかに顧客に価値が提供でき、競争相手を凌ぐ組織にするかのアイデアを出さなければなりません。残念ながらそのアイデアが出せないときは、「人を切る」判断も必要になるでしょう。

　お金の軽やかな流動性と人間の粘着性のよい点をどう成果に結びつけていくか。機会に素早く結びつくお金の機動性と、人というリソースの継続的な強化の、相反するスピードをいかにマネジメントするかが、ビジネスの根本的な課題といってよいでしょう。

第8章のまとめ

✓ 戦略思考は競争に目を向ける

　　想定する競争相手により検討事項が変わる

✓ 競争力の実体 1：コア技術

　　模倣困難、顧客価値、展開可能性

✓ 競争力の実体 2：オペレーション能力

　　事業システム

　　社内外の活動のマネジメント

✓ 強みの定義と実体

　　究極の強みは「早さ」と「速さ」

✓「人」を前提とした戦略思考

　　投資家と事業家の違い

　　人はすぐには動けない

第9章　発想を広げる市場環境分析

1　市場環境分析の全体像

市場環境分析のステップ

　ここまで、戦略を構成する要素について詳しく見てきました。本章では、いかにして戦略を決定するか、その具体的な思考プロセスを検討します。市場環境を分析し、すべきことの代替案、すなわち戦略代替案を創出する一連のステップを解説します。以降、将来の方針についてさまざまな市場環境を想定し、代替案をあれこれ思考することを「戦略思考」、その結果、採択されて表に現れた案を「戦略方針」と分けて議論します。

　市場環境分析のステップを**図9.1**に示しています。戦略代替案をアウトプットするためには、2つのことを考慮する必要があります。1つはどの需要を狙うかというターゲット需要の選定であり、もう1つは、その狙った需要を獲得する競争を制する鍵（創出すべき競争優位）はなにかを見極めることです。この2つは最終的に選ばれた戦略方針のアウトプットになりますが、戦略思考のプロセスの中でさまざまな可能性が検討されることになります。多くの代替案を考えることが、結果として質の高い意思決定につながります。そのためにはまず思考を拡散させなければなりませ

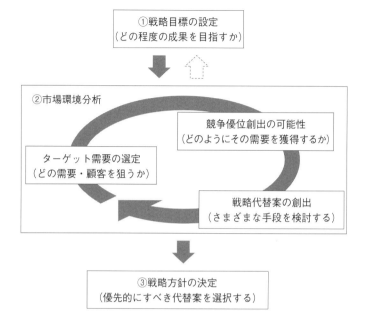

〈図9.1　市場環境分析のステップ〉

①戦略目標の設定
（どの程度の成果を目指すか）

②市場環境分析

競争優位創出の可能性
（どのようにその需要を獲得するか）

ターゲット需要の選定
（どの需要・顧客を狙うか）

戦略代替案の創出
（さまざまな手段を検討する）

③戦略方針の決定
（優先的にすべき代替案を選択する）

ん。

　市場環境分析は、「戦略目標の設定」を前提とします。第7章で述べたように、目標がなければ研ぎ澄まされた思考は起動しません。目標がなければぼんやりとなにかを思うだけです。

　また、市場環境分析の後のステップで、「戦略方針の決定」がなされます。代替案の中から、実行するものを選択します。代替案の評価基準は企業価値に貢献するかどうかです。原則として、会計思考で論じた投資評価基準に準じて評価されます。

　なお、これら一連のプロセスは、図の上から下の直線的な思考でなされるわけではありません。ある目標を設定して検討したけ

れども、いくら考えても目標を達成するアイデアが出ないというときには、目標を下げることになるでしょう。逆に、もっと成果が上がりそうなことが分かり、目標を上げたくなることもあるでしょう。これらのプロセスを行きつ戻りつし、想定される環境の中でバランスの取れた固有解を導きます。

前提としての事業領域

なにかを効率的に思考するためには、思考の対象を限定しなければなりません。戦略思考を制約する前提の1つが戦略目標です。さらに、ビジネスの市場環境分析においては、検討する事業の範囲を分析の前提として定めておく必要があります。それが「事業領域（事業ドメイン）」と呼ばれるものです。戦略目標が量的な制約とすれば、事業領域は質的な制約ということができます。事業領域の定義の方法に決まりはありませんが、一般的には次のような表現の仕方があります。

「顧客グループ軸」：生活者を対象とする、小売業を顧客とする、など
「独自技術軸」　　：ケミカル事業、半導体事業、など
「顧客ニーズ軸」　：ビューティケア事業、ヘルスケア事業、など

事業領域が広すぎる場合は、会社経営として資源が集中できずに、技術やノウハウが深まりません。逆に、事業領域が狭すぎる場合は、顧客の問題解決ができずに、成長の機会を逸してしまいます。

事業領域の選択

戦略思考の前提である事業領域そのものを変える決断が、第2

章で企業価値を上げる基本課題の5つ目に挙げた「⑤事業領域の選択」です。これはビジネスの究極の課題といってもよいでしょう。三品和広氏は、『経営戦略を問い直す』の中で、「『（事業の）立地替え』は掛け値なしの難業であり、時間もかかります。であるがゆえに、戦略の核心となるのです」と述べています。立地替えとは、既存事業を維持したまま事業領域を拡大する多角化とは違い、中心とする事業領域そのものを変えてしまうことです。三品氏は、その例としてキヤノンを挙げています。キヤノンは、カメラを中心とした光学器械からプリンタ事業に軸足を転換し、今ではプリンタと複写機の複合機と事業領域を替え、大規模なグローバルメーカーに成長しています。

　立地替えとは、アクセサリー販売会社がアパレルメーカーになったり（ワコール）、パッケージソフトの問屋が電話回線の事業者になり、さらには大規模な投資ファンドになったり（ソフトバンク）することです。立地替えは途方もないことであり、日常の仕事の中では思いも寄らないことでしょう。しかし、立地替えは、ビジネスの基本課題として、頭の片隅では常に意識されている必要があります。大災害の可能性をわずかでもよいから常に意識することで、いざというときの行動が取れるようになるのと同じことです。

事業の拡散と絞り込み

　立地替え、すなわち新たな事業への転換は、ある日スイッチを切り替えるようにぱっとなしうるものではありません。そのためには、下記の検討が必要となります。

　1つは、既存事業を維持したまま事業範囲を広げたり、新しい

事業の可能性を検討したりすることです。具体的には、新事業を立ち上げたり、準備室を組織化したり、基礎研究に投資してさまざまな製品開発のシーズをつくったりすることです。自前で広げるだけではなく、他社と組む、他社を買収するなどの手段もあります。

　もう1つは、事業領域を絞り込むことです。限られたリソースを集中することで、他社との競争を有利に運ぶことができます。事業を絞り込み、撤退した事業のリソースを絞り込んだ事業に転用することで競争力を強化することができるからです。たとえば、人員を異動する、事業を人や資産ごと売却して他のビジネスに投入する資金を得るといったことです。

　第8章で見たように、ビジネスの領域を拡大することはリスクを低くすることにつながります。1つの事業が失敗しても他の事業でカバーできるからです。しかし、リソースを分散させることで、それぞれの戦線での戦う力が弱くなり、収益性が悪くなる可能性があります。

　一方で、事業を絞り込むことはリスクを伴う意思決定です。リソースを集中させ、他のビジネスでの収益機会を捨てることになるからです。潜在的な成長機会の芽を摘んでしまうことにもなりかねません。したがって、絞り込む局面にこそ経営者の力量が現れます。会計思考で見たように、敢えてリスクを取り、エネルギーを集中させて他社とは異なる成果を得ることがビジネスの真骨頂です。

事業領域をもとにした３Ｃ定義

　さて、定められた事業領域は、３Ｃ（顧客：Customer、競争相

手：Competitor、自社：Company）を具体化することで、市場環境分析が可能になります。

　３Ｃは、定められた事業領域を受けて、より具体的にどのような範囲の集団を顧客とみなすか、その需要を獲得する上で競合する会社はどこか、自社のマネジメントがおよぶ範囲はどこか（自社単独か、関係会社や外部の取引業者を含むか）を定義したものです（第1章16ページ参照）。

2　SWOT分析で思考を広げる

市場環境分析の基本フレーム

　事業領域を踏まえ、３Ｃを定義した後に、その市場における「強み」「弱み」「機会」「脅威」を整理したものがSWOT分析と呼ばれます。それぞれの英語の頭文字（Strengths, Weaknesses, Opportunities, Threats）を取った名称です。SWOT分析の目的は、ターゲット需要の選定と競争優位の鍵を見極めるために、企業価値に影響を与える重要な環境を明らかにすることです。

　世の中の環境をこの4つに整理することはビジネスパーソンの一般的な関心事に合致しており、SWOT分析は市場環境分析の基本フレームといってよいでしょう。しかし、あまりに単純なフレームなので、分析の名に値しないという非難にもさらされています。とはいえ、これはあくまで単なるフレームですから、そこになにを記述するかが肝心で、フレーム自体が悪いわけではありません。

　架空の自動車メーカーＡ社を例に考えてみます。まず前提となる事業領域と３Ｃを表9.1のように定義します。

事業領域	四輪自動車市場
顧　　客（Customer）	新興国および先進国（日本・北米・欧州）
競争相手（Competitor）	上位自動車メーカー、新興国メーカー
自　　社（Company）	自社グループ（関連会社含む）

〈表9.2　SWOT分析の例〉

強　み(S) 「排ガス制御の技術」	弱　み(W) 「製造コストの高さ」
機　会(O) 「新興国での排ガス規制の強化」	脅　威(T) 「競合企業の低価格製品」

　その上でSWOTそれぞれを想定します。将来の需要拡大が見込まれる新興国では、排ガスの規制が厳しくなることが予想され、これを自社の「機会」と見ています。Ａ社の排ガスを制御する技術は他社よりも優れており、いち早く規制に応じた製品を開発できると考えられるからです。したがって、「排ガス制御の技術」を「強み」とみなしています。一方で、新興国での販売競争はますます激しくなることが予想され、新興国メーカーの低価格攻勢を大きな「脅威」とみなしています。Ａ社は、技術力には定評がある一方で、「製造コストの高さ」を「弱み」と感じています。

　このように、SWOT分析とは「環境認識の仕分け」です。これらをSWOTのフレームで記述すると**表9.2**のようになります。

「強み」と「弱み」

　「強み」「弱み」は自社の内部の事ですから、一般的に内的環境

〈表9.3 「強み」「弱み」の定義〉

強み（Strengths）	弱み（Weaknesses）
代替案を実行するときに、踏み台にできるリソース（他社より早く実行できる基盤となるリソース）	代替案を実行するときに、ハンディキャップとなるリソース（他社よりも時間がかかる理由となるリソース）

と呼ばれています。自社の現状に関し、競争相手との競争において有利な状況をもたらすリソースが「強み」、不利なものが「弱み」です。

　第8章で見たように、「強み」「弱み」は、なんらかの策を実行するときに、あるレベルに到達できる時間の違いとみなすことができます。「強み」はなんらかの策（代替案）を実行するときに、他社よりも有利な踏み台にできるリソース、すなわち、他社より早く実行できる基盤となるリソースのことです。逆に、「弱み」は、なんらかの策（代替案）を実行するときに、ハンディキャップとなるリソース、すなわち、他社よりも時間がかかる理由となるリソースのことです（表9.3）。

　先の例では、「排ガス制御の技術」については、他社よりも製品開発において先んじることができ、「製造コストの高さ」については、低コストで操業できるオペレーション能力を築くまでに、他社よりも時間がかかることを示しています。

　「強み」「弱み」は、自社の現在の状況について記述します。したがって、具体的な事実の把握が重要になります。「排ガス制御の技術」であれば、これまでの製品性能の比較、顧客評価、従事する研究者の組織体制などが裏づけになります。「製造コストの高さ」を課題とするのであれば、原価を構成する各要素について、

〈表9.4 「機会」と「脅威」になりうるもの〉

機会 (Opportunities)	脅威 (Threats)
・需要の拡大 　　顧客の増加 　　1顧客あたりの購買量の増加 ・競争相手の弱体化 ・費用の減少	・需要の減少 　　顧客の減少 　　1顧客あたりの購買量の減少 ・競争相手の攻勢 ・費用の増加

他社との数値によるコスト比較が有効です。

「機会」と「脅威」

　「機会」「脅威」は、自社ではコントロールできない自社の外で発生する事象なので、外的環境と呼ばれます。自社に有利な環境変化が「機会」、不利なものが「脅威」です。

　「機会」とは、企業価値を向上させる可能性のある事象のことです。将来的な売上を増加させるものと、費用を低減させるものがあります。売上を増加させるものとして、需要の拡大、または競争相手の弱体化に関係する事項が挙げられます。さらに、需要の拡大は、顧客の増加（例：人口の増加）と1顧客あたりの購買量の増加（例：所得の向上）に分けて考えることができます。

　「脅威」は、「機会」の逆で、企業価値を低くする可能性のある事象のことです。将来的な売上を減少させるものと、費用を増加させるものがあります。売上を減少させるものとして、需要の減少、または競争相手の攻勢に関係する事項が挙げられます。さらに、需要の減少は、顧客の減少と1顧客あたりの購買量の減少に分けて考えることができます（**表9.4**）。

　「機会」「脅威」は将来時点のものを記述します。したがって、「強み」「弱み」が事実を踏まえるのに対し、これらはあくまで見

〈表9.5　クロスSWOT分析の戦略代替案検討の視点〉

機 会(O)×強 み(S)	強みを生かして機会をものにする
機 会(O)×弱 み(W)	弱みを克服して機会をものにする 弱みのある領域の競争を避け、機会をものにする
脅 威(T)×強 み(S)	強みを生かして、脅威の影響を低減・排除する
脅 威(T)×弱 み(W)	弱みを克服して脅威を低減・排除する 最悪の結果を回避するように手を打つ

通し（仮説）になります。

クロスSWOT分析

　SWOT分析で市場環境を整理した後に、それらの市場環境に対応した施策のアイデア（＝戦略代替案）を導くフォーマットがクロスSWOT分析です。将来の「機会」「脅威」を想定したときの、現状の「強み」「弱み」を踏まえた代替案を創出します。

　外的環境と内的環境をかけ合わせて、それらに対応する戦略代替案を記述します。それぞれのセルでは、**表9.5**のような視点で代替案を検討します。

　先の自動車のクロスSWOT分析例を**表9.6**に記しています。【強み（S）×機会（O）】として、「排ガス規制に合致した製品を他社に先行して投入する」、【弱み（W）×脅威（T）】として、「新興国で需要が見込める価格帯で製品投入ができるように製造コストを低減する」というアイデアが出されたことが分かります。新興国での需要をターゲットとし、排ガスを制御する技術を磨くことが競争優位の鍵であることが導かれています。

〈表9.6　クロスSWOT分析の例〉

	強　み(S) 「排ガス制御の技術」	弱　み(W) 「製造コストの高さ」
機　会(O) 「新興国での排ガス規制の強化」	【S×O】 「排ガス規制に合致した製品を他社に先行して投入する」	【W×O】
脅　威(T) 「競合企業の低価格製品」	【S×T】	【W×T】 新興国で需要が見込める価格帯で製品投入ができるように製造コストを低減する

　なお、戦略代替案には、需要獲得に直接関わるマーケティングの方針と、競争力の形成（リソースの形成）に関わるものの両方があります。

市場環境認識と代替案の陳腐な関係

　さて、これらのフォーマットを活用した実際の作業として、どのような言葉を書き込めばよいでしょうか。世の中に無数とある情報をどのように切り取るか。この作業は決して簡単ではありません。

　A社の例では、排ガスの環境規制が厳しくなるという事象を「機会」と捉えていました。しかし、場合によっては「脅威」とみなすこともあるでしょう。その判断はどのようにすべきでしょうか。

　機会とは、自社にとって有利に働く外的な事象のことです。自社にとっての有利不利は自社のリソースに影響され、とりわけ「強み」はなにかという認識に依存します。排ガス規制の強化を

〈図9.2　機会・強み・代替案の相関図〉

「排ガスの環境規制がより厳しくなる」を
「機会」とみなす

「排ガスを制御する技術」を
「強み」とみなす

「排ガス規制に合致した製品を他社に
先行して投入するために、排ガス制御
技術を向上させる」という「代替案」
を導く

機会とみなすかどうかは、排ガスを制御する技術があるかどうか
にかかっています。他社よりも優れた技術を持っているからこそ、
A社は規制の強化を「機会」とみなすことができたのです。

　さらに、それを「機会」とみなすことは、それに対する対応策
「排ガス規制に合致した製品を他社に先行して投入する」という
策（代替案）を投入することが意識されているはずです。機会から
代替案が導かれると同時に、想定された代替案から機会が導かれ
るという関係もあるのです（図9.2）。

　このように、「機会」と「強み」は互いに近しい関係を持った
言葉であることが分かります。また、ある事象を機会と考えたり、
ある能力を強みと考えたりするときには、なんらかの代替案が隠
れています。排ガス規制が「機会」でありうるには、その規制に
対応できる「強み」が前提であり、さらには排ガス規制に対応し
た製品をつくり、市場に出すところまでが暗黙のうちに想定され
ているわけです。

　このように考えると、もともと「機会」「強み」「代替案」がセ

ットになったアイデア（仮説）がないと、市場環境分析はできないことになります。これでは、既に考えていることをフォーマットに落としただけにすぎません。そもそもSWOT分析は、「機会」「脅威」「強み」「弱み」、およびそれらから導かれる「代替案」を別々に考えて思考を広げることに意味があったはずですが、結局は考えていたことを確認しただけという、なんとも陳腐な思考に陥ってしまいます。

自社のフィルターをはずす

　このような「思考の蛸壺」にはまらないために、SWOT分析を上手に活用することが必要になります。「機会」「脅威」「強み」「弱み」という整理は、自社にとっての有利・不利を踏まえた整理ですから、自社のフィルターを通した環境認識ということができます。「考えていることしか考えられない」という思考の蛸壺から抜け出るには、いったんそのフィルターをはずす必要があります。そうはいっても、なかなか習慣的な思考から離れることはできません。マーケティング思考で述べたように、地球を外から眺めることは想像の世界でしかできないのです。

　まず意識すべきことは、今考えていることについて「本当にそうか？」と疑うことです。そこから「他のアイデアはないか？」という発想の拡大につなげます。整然とした戦略方針を記述しようとするあまり、発想を広げることを避ける人がいますが、それでは戦略思考にはなりません。

　その上で、自社のフィルターや思い込みから離れるには、自社（内部環境）ではなく、顧客や競争相手の外部環境から考える必要があります。たとえば、「技術力がある」ことを「強み」と認識

している場合、他社よりも売上が多い、他社より高いスペックの製品を設計・製造することができる、などのこれまでの実績をもとにそう考えているはずです。それを安易に「強み」とするのではなく、「それらが将来の競争において、有利にことを運べる理由になるのか?」という視点で吟味する必要があります。そのためには、将来時点でどのような競争になるかについての想像が不可欠です。

競争の視点で思考をチェックする

このように、ポイントは、将来の競争を想像し、そこから他のアイデアの可能性を検討することです。

将来の顧客のふるまいを想像し、その顧客に対する競争相手の対応策はどのようなものか。競争相手の立場に立った場合、彼らがどのような市場環境分析を行い、どのような手を打ってくると想像できるか。彼らは自身の強みをどのように考え、どのような環境変化を機会と捉え、どのようなリソースを形成していくか。まずそのようなシーンをイメージし、そこから自社がすべきことを検討するという手順を取るのが賢明です。

先の事例では、新興国において、環境対応を軸とした競争となるのか、あるいはデザインによる競争なのか、とにかく低価格の競争になるのかなどを考慮しなければなりません。 たとえば、技術に劣る新興国メーカーがデザインを前面に出した製品を投入すると予想されるとしましょう。他社もそれに追随し、デザインの競争になると想定された場合、「技術力」は必ずしも強みではなくなります。もし製品デザインが他社よりも劣っていると認識するなら、「製品デザイン力」を「弱み」として認識すべきであ

	強 み(S) 「排ガス制御の技術」	弱 み(W) 「製造コストの高さ」 「デザイン力の欠如」
機 会(O) 「新興国の購買力増大」 「新興国での排ガス規制の強化」	【S×O】 「排ガス規制に合致した製品を他社に先行して投入する」	【W×O】 「デザインスタッフを増強し、デザインに優れた製品を投入する」
脅 威(T) 「競合企業の低価格製品」	【S×T】	【W×T】 新興国で需要が見込める価格帯で製品投入ができるように製造コストを低減する

り、SWOTのフレームに記述すべきことが追加されます。

　さらに、デザインが争点になるのは新興国市場であり、その需要を獲得するためにデザインスタッフを増強するなどの対策を講じる意図がある場合、新興国の購買力が大きいことを「機会」としてみなしていることに気がつきます。これらのことを先に記述したクロスSWOTに追記すると、**表9.7**のようになります。

　このように、クロスSWOT分析を上手に用いると、「新興国の購買力増大」のように、暗黙のうちに前提としていた環境認識を顕在化させることができます。その結果、隠れていた思考があらわになり、代替案を拡大することにつながります。

　初めから自社に有利な機会を探しに行ったり、強みを手がかりにしたりすると、これまでの思考の呪縛にとらわれ、うまく発想を広げることができなくなります。競争相手の身になって将来を考える、これが市場環境分析のポイントです。

3　戦略思考を磨く

企業価値を向上させる代替案を選ぶ

　市場環境分析で代替案を創出した後、その中から実行に移すものを選び、戦略方針とします。多くの代替案から長期の方針とすべきものを選び取る。これが経営トップに課された最大の使命といってもよいでしょう。では、どのように方針とすべき代替案を選べばよいでしょうか。

　代替案の選定基準の原則は、会計思考で見たように、企業価値向上にできるだけ貢献するものを選ぶということです。第1章で取り上げた正味現在価値（NPV）や内部収益率（IRR）などが代表的な基準です。このような判断基準で判断するには、代替案の収益期待を数値化することが不可欠になります。

　もちろん、数値の根拠は不確実なので、第1章の「4　ローリスク・ハイリターンを追求する」で見たように、アイデアが採択されるような知恵をいかに出すかが重要になります。意思決定は「数字とアイデアの知恵比べ」です。最終的には厳密な客観的な指標で決められるものではなく、リーダーの「勘」に委ねられます。

「強み」を活かした方がリスクは少ない

　さて、企業価値に貢献する代替案とは、将来の成果がより大きいものです。したがって、正味現在価値（NPV）の高い、大きな需要を狙った代替案が高く評価されることになります。

　では、常にそのような大がかりな代替案が望ましいかというと、

もちろんそうではありません。当然ながら「本当にできるの？」というリスクを考慮しなければならないからです。ここで、リスクをどのように考えるかという、会計思考の議論に立ち返ります。他社がリスクとみなすことでも、自社にはなんらかの知識・経験があって相対的にリスクが低い領域で勝負することが高収益の鍵でした。現在持っているそのような能力こそ、SWOT分析で検討された「強み」です。SWOT分析で区分された「強み」と「弱み」は、代替案を実行する際のリスクの差を示したものと考えるべきです。

　したがって、リスクを勘案すると「強み」に根差した代替案に必ず軍配が上がります。「強み」を活用した代替案こそが、他社よりも早く必要なレベルに到達することができ、それだけリスクが少なくなるからです。「強み」を活用し、リスクが低い代替案を選択し、その結果さらに強み（＝競争力）を厚くする。このようなサイクルを回すことができれば、企業価値は確実に上がっていくでしょう。

「弱み」をいかに克服するか

　多くの会社で、自社の競争力を明確な言葉で定義しています。「粘着技術を活かした製品開発力」「地方のニーズにきめ細かく対応した品揃えと販売力」などの文言です。これらの強みを基軸として将来の希望を描き、現在のマーケティング活動や効率性向上の活動を行っています。

　「強み」から考えるという発想は、思考の範囲を限定して活動を集中させる効果があります。しかし、そのことが、ときとして視野を狭くすることにつながります。「強み」は、ひとたび組織

〈図9.3 「機会 × 弱み」に注目する〉

	強　み (S)	弱　み (W)
機　会 (O)	【S×O】	【W×O】
脅　威 (T)	【S×T】	【W×T】

ここに注目する

として認識されると、それにこだわるようになります。先に述べたように、習慣的に「強み」として語られている言葉から逃れることができずに、発想が陳腐になってしまう恐れがあるのです。

　しかし、戦略思考は、将来に向けた競争力の蓄積を主たる目的にした思考ですから、時間のかかるテーマ、すなわち現在は「弱い」ポジションにあるものをいかに引き上げていくかにも意識を向けなければいけません。強みに安住するのではなく、弱みに目を向け、いかに克服するかということも検討しなければならないのです。こう考えると、クロスSWOT分析の「機会×弱み」の象限に、新たなビジネスの可能性が宿っているということができます（図9.3）。

　今は劣勢にあるが、早く手を打つことで、将来的には有利なポジションに立つことを画策するのです。もちろん、その実行は簡単ではありませんが、「強み」の中に閉じこもるのではなく、自社の殻を破っていく行動も必要なのです。

　ただし、単に「弱み」を平均値レベルに改善することでは不十

分な場合があります。機会をものにするための重要なリソースであれば、苦手な分野でも「強み」とするような思い切った取り組みが必要です。たとえば、自動車の「デザイン」が将来の競争の鍵を握ると考え、そのためのリソースが欠如しているとすれば、先行する他社を凌駕するデザイン体制とはどのようなものかを検討しなければなりません。

戦略方針のブラッシュアップ

　本章の最後に、戦略思考をブラッシュアップする方法を示します。それには次の2つの視点があります。1つは、その戦略代替案は「本当にできるのか？」です。不確実性を可能な限り下げ、もっとリスクを低くして期待収益を確実にする方法の探索です。もう1つは「もっと成果を大きくする方法はないか？」です。もっとリスクを取って期待収益を増大するアイデアの探索です。私たちは、これらの相反する問いかけを常に自問自答しなければなりません。

　以下は、戦略方針をブラッシュアップする問いの一例です。

〈本当にできるのか〉
● この方針の成否を決める、決定的に重要な外的環境と内的環境を挙げよ。それらに対する対応策は十分か。
● 想定している外的環境の中で最も不確定なものはなにか。それに対する対応策は十分か。
● この方針の中で最も難しいプロセスはどこか。それを回避するような他のやり方はないか。

〈もっと成果を大きくする方法はないか〉

●一度検討したが、途中で棄却したアイデアを挙げよ。どのような条件なら、そのアイデアを再度検討することが可能だろうか。

●この方針の中で、他人と見解が異なるであろうことを挙げよ。その見解の違いはどこに争点があるのか。

●もし○○（リソース）が手に入ったら、劇的に成果が上がる戦略方針を採択できる。○○はなにか、どのように戦略が変わるかを示せ。（○○は現存する具体的なもの。「画期的新技術が手に入れば」などの抽象表現はダメ）

●上記の、その○○を入手する構想を考えよ。

●上記の、その○○がなくても、その修正された戦略が可能な代替案を考えよ。

第9章のまとめ

✓ 市場環境分析のフレームワーク

　事業領域

　SWOT分析、クロスSWOT分析

　思考の蛸壺に入らないように競争から考える

✓ 戦略方針の決定

　会計的な意思決定基準

✓ 戦略代替案を磨く

　本当にできるのか？

　もっと成果を大きくする方法はないのか？

おわりに

　ここまで、会計思考、マーケティング思考、戦略思考の3つの思考を順に追い、「戦略思考のしくみ」を解説してきました。それぞれの思考は目指す成果の時間において違いがあり、重なり合うことで企業価値の向上に結びついています。

　一方で、会計・マーケティング・戦略の3つの思考は互いに矛盾するところもあります。以下で、それぞれの思考を一対で比較したときに浮かび上がる矛盾点と、および矛盾があるがゆえに浮かび上がる思考の特徴を指摘します。

①会計思考 vs. 戦略思考：短期志向 vs. 長期志向

　成果の時間軸の違いは、会計思考と戦略思考の間に顕著に現れます。会計的にお金の利回りを考えると、成果ができるだけ早く出るビジネスが好ましいことになります。遠い将来の利益は大きく割り引かれて現在価値に換算されるからです。

　戦略思考は、短期的な成果を犠牲にしてでも、将来のためにお金を使おうとする思考です。短期的な成果と長期的な成果は基本的にトレードオフ関係にあります。たとえば、長期的な成果を目指す研究開発費は、短期の成果においてはマイナスの影響を与えます。

　また、戦略思考には強い目標意識が必要であることを先に記しました。目標意識、志、ビジョンといったものが戦略思考を後押しします。これらの思いは、ときに短期的な成果獲得を身上とす

る「リアリスト」と摩擦が起きます。ビジョナリーなロマンチストと、着実に短期的な成果を上げるリアリストの両者の側面が、ビジネスパーソンに求められます。

②会計思考 vs. マーケティング思考：標準化 vs. 機動性

会計思考とマーケティング思考の大きな相違点はなんでしょうか。マーケティング思考は顧客に視点を置き、顧客の望みに機敏に対応することを促します。顧客の望みは主観的で気まぐれであり、プロとしての売り手の常識やセオリーを超えることが往々にしてあります。経験や専門知識による判断はときに無意味になり、顧客の望みに適応するように活動を修正し続けなければなりません。

会計的な思考はこれとは対照的です。ビジネスの収益性を向上させるためには、活動の標準化が望ましいからです。同じ仕事を繰り返すことによる習熟の効果、すなわち経験効果による生産性向上が望ましいのです。機敏な工夫よりも、安定的でミスのないオペレーションが奨励されます。

顧客の突然の注文変更に不満の声を上げる製造部門や物流部門、コストダウン要請から行われる製品バリエーション削減に対する営業部門の抵抗など、会計思考とマーケティング思考のコンフリクトはいたるところに見られます。これらの矛盾をどのレベルで折り合いをつけるのかが、ビジネスの意思決定の重要な課題です。

③マーケティング思考 vs. 戦略思考：
組織外部への適応 vs. 組織内部の秩序

マーケティングは、顧客の要求とともに競争相手のプレッシャ

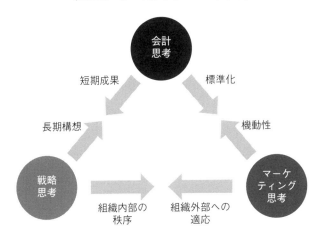

〈図10.1　3つの思考のコンフリクト〉

ーが常にあり、常に売上という買い手の「投票」にさらされています。したがって、マーケティング思考では外部環境への適応が優先されます。一瞬たりとも気が抜けないマーケティング思考は、組織に疲弊感をもたらす原因にもなります。

　ビジネスの将来の不確実性の根源は市場環境の変化であり、それを克服することが戦略思考の課題です。独りよがりのシナリオに陥らないために市場環境分析を行いますが、その根底には組織の持続的発展があり、内部者の思いや志、組織のリソース形成により強い関心が向かいます。マーケティングの意識は根本的に外に向かうのに対し、戦略思考は組織の内側に意識が向かいます。もちろん、その架け橋になるのが優れた戦略思考であり、そのために市場環境分析が必要になります。

　このように、3つの思考は互いに異なるベクトルを持っていま

す。したがって、これらのバランスを決定することこそがリーダーの重要な役割です。バランスを取るだけでなく、矛盾した各部門の要請を踏まえ、それらを「弁証法的（矛盾するものを統合するような新たなアイデアを出すこと）」に解決する新たなアイデアを出すことがリーダーには求められます。リーダーだけではなく、あらゆるビジネスパーソンに、自身の専門分野に閉じこもることなく、そのような矛盾を積極的に解決する思考が求められています。しかし、人間だれでも、なにかしらの思考のくせを持っています。自分が3つの思考のどのあたりに位置するかを考え、バランスの取れた思考を心がけてほしいと思います。

思考と行動のスピードが要求される

　最後に、3つの思考の共通点を整理します。

○リスク認識の差が利益を生む

　会計思考では、ビジネスにおける利益の源泉は他社との「リスク認識の違い」でした。お金の論理の基本原則は「ハイリスク・ハイリターン」です。リスクの高い金融商品（新興企業の株式など）は高いリターンが要求されます。投資家からすれば、リスクが高く、失敗する確率も高いですが、うまくいけば高いリターンが期待できます。逆に、リターンが低くてよければ、お金を銀行に預けることで元金を失うリスクは回避できます。

　ビジネスは、このリスクとリターンの切っても切れない相関関係を壊すことに意味があります。ビジネスは、人と違ったことをしなければ利益が期待できませんが、それはリスクの高い分野に進出するということです。たとえば、耐久性と微細な精度が同時

に要求される航空機の部品供給は、一度採用されると大きな利益を手にすることができます。しかし、一般的な技術しか持たない会社、そのような経験のない会社にとっては大きなリスクを伴うビジネスです。高い利益を得るためには、実行が難しく、他社では容易にできない領域に踏み込むことが必要なのです。また、そのようなリスクが高い領域に進出した会社は、参入を見送った会社よりもリスクは感じていないはずです。だからこそ参入したのであり、そのようなリスク認識の差が利益を生むのです。

　この他社とのリスク認識の差で違いをつくるという営みは、マーケティング思考においては差別化という言葉で表現されます。売れるしくみであるマーケティング施策（4P）を検討する上で、いかに他社と差別化するかがポイントでした。他社は躊躇するが、自社は踏み込んでいけるマーケティング施策の投入が高い価格設定を許し、利益の拡大につながります。

　また、戦略思考で示される競争優位も、このリスク認識の違いをもたらす力と言い換えることができます。コア技術やオペレーション能力といった競争優位は、他社が容易に模倣できない組織の力です。言い換えれば、マーケティング活動での差別化を可能とするリソースが競争優位です。このように、それぞれの思考のポイントを、リスク認識の差として統一的に理解することが可能です。

○スピードはリスクを克服する
　では、他社とのリスク認識差をもたらす根源的なものはなんでしょうか。それは3つの思考に共通する、ビジネスにおいて心得るべき基本的な力、すなわち「戦略思考のしくみ」を支える力で

す。筆者は、それは思考と行動のスピードであると考えます。

　そもそも、会計思考では、早く成果が出るアイデアが好ましいものと評価されます。「早い」成果、それをもたらす「速い」行動、これらが求められます。これは、戦略思考で議論した競争優位の定義そのものです。競争相手よりも、顧客が求める水準の活動に「早く到達できる」こと、それをもたらす「速い意思決定・行動」が競争優位と考えることができることを記しました。また、マーケティング思考では、顧客に視点を置き、そこで価値を発見してからの判断と行動のスピードが重要でした。そのスピードが速ければ、顧客の望む価値に応じたマーケティング施策が展開できるチャンスが増えるからです。

　以上のように、思考と行動のスピードは、これまで見てきた3つの思考が共通して求めているものであり、ビジネスの力の中心に位置するものということができます。ビジネスにおいて、思考と行動のスピードは絶対的に善なのです。

　本書を通じ、どんな時代になっても揺るがない「戦略思考のしくみ」を記してきました。この思考のメカニズムを動かす原動力は、なんといっても思考と行動のスピードです。早く・速く考え、早く・速く動く。これらの努力が、あなたのビジネスの未来を拓いていくはずです。

参考図書

■戦略思考の前提となる思考全般に関わるもの

照屋華子・岡田恵子『ロジカル・シンキング　論理的な思考と構成のスキル』2001 年、東洋経済新報社

　ビジネス思考の基礎となる、論理的思考の解説書。本書を含むあらゆる「論理的」な体系を理解し、自分で考え、組み立て、語り、記述することの基本的なスキルが示されています。

ダニエル・カーネマン『ファスト＆スロー（上）あなたの意思はどのように決まるか？』2014 年（2011 年原著）

　ビジネスに限らず、あらゆる知識は学んでも活用するのが難しいもの。ファストな（速い）直観的な思考が、スローな論理的な思考を阻害していることが要因です。私たちの心理のメカニズムを知ることで、慎重に考え、論理を活用する意識を高めることができます。

■本書で示した戦略思考を補強・補完するもの

○ビジネス全般

P. F. ドラッカー『【エッセンシャル版】マネジメント』2001 年、ダイヤモンド社

　大著『マネジメント』のエッセンスを抜き出したもの。歯切れのよい、記憶に残りやすい印象的な言葉でビジネスの思想が語られています。

三枝匡『経営パワーの危機──会社再建の企業変革ドラマ』2003 年、日経ビジネス人文庫

　新任の経営リーダーが悪戦苦闘しながら戦略思考やリーダーシップを身につけていくさまが、小説仕立てで描かれています。主人公に感情移入できるので、さまざまな経営課題に向き合う意識や姿勢を追体験できます。

○会計思考

稲盛和夫『稲盛和夫の実学——経営と会計』1998年、日本経済新聞社

　京セラを築き、JALを再生させた著者による「経営のための会計学」
の本。その思いは「会計がわからんで経営ができるか」というフレーズに
現れています。

ジョン・ミクルスウェイト他『株式会社』2006年（2003年原著）、ランダ
　　ムハウス講談社

　株式会社は、ビジネス活動を活性化するために生み出された特殊な組織
形態です。その歴史的な出現経緯を知ることで、会社の可能性と限界を知
ることができます。

○マーケティング思考

ジョン・スポールストラ『エスキモーに氷を売る』2000年、きこ書房

　マーケティングの鉄板本ともいえる一冊。弱小不人気NBAチーム、ニ
ュージャージー・ネッツのGMに就任した著者が、チケット収入を上げ
るために奮闘し、組織が変わっていく様子が描かれています。

スティーブン・ブラウン『ポストモダン・マーケティング——「顧客志
　　向」は捨ててしまえ！』2005年、ダイヤモンド社

　タイトルが挑戦的です。マーケティングの専門家でもある邦訳者のまえ
がきを読むと、この本の位置づけや意義がよくわかります。この本の主張
は、本書に反しているでしょうか、それとも本書を補完するものでしょう
か。この本自体は顧客志向でしょうか？

○戦略思考

リチャード・P. ルメルト『良い戦略、悪い戦略』2012年（2011年原著）、
　　日本経済新聞出版社

　タイトル通り、戦略として有効なものと、そうでないものの区別をはっ
きり分けています。記述された「戦略」を評価し、ブラッシュアップする
のに有用です。

玄田有史『希望のつくり方』2010 年、岩波新書

　本書の第 7 章で記述した通り、ビジネス活動の原動力は、将来へ向けた希望です。希望というものをさまざまな角度から考察しているので、人が頑張るとはどういうことかを考えることができます。

三品和広『経営戦略を問い直す』2006 年、ちくま新書

　本書の内容の基礎になっている本です。戦略は簡単につくれるものではありません。戦略の"大量生産"に警鐘を鳴らし、「戦略は人に宿る」ことを主張しています。

加護野忠男『〈競争優位〉のシステム』1999 年、PHP 新書

　戦略は人に宿るとともに、ビジネス活動はオペレーションのしくみの上でなされます。情報技術の発達を背景に、製品の競争から事業システムの競争に焦点が移っていることを示した書。

■これからの市場社会やビジネスのあり方を考える手がかりになるもの

ヤニス・バルファキス『父が娘に語る美しく、深く、壮大で、とんでもなくわかりやすい経済の話。』2019 年、ダイヤモンド社

　著者はギリシャの元財務大臣。娘に語る本ということで平易な文章ですが、経済全般に関する歴史的な経緯から、デジタル通貨や人工知能（AI）まで話題が及んでいます。巨大企業による富の独占に危機感を持つ著者の、将来に向けた提言が示されています。

ユヴァル・ノア・ハラリ『サピエンス全史（上・下）』2016 年（2011 年原著）、河出書房新社

　壮大なスケールで現代社会の位置づけを論じたもの。言語獲得による認知革命、農業革命による組織化、さらに科学革命や資本主義がどのように現れてきたかが示され、普段意識することのない、ビジネスという社会活動が持つ性格、特異性を考えることができます。

白井聡『武器としての「資本論」』2020 年、東洋経済新報社

　市場競争の短所は、働く私たちを疲弊させ、合理的とは言い切れない経

済的な格差が生まれることです。同書は資本主義（新自由主義）を批判する視点で書かれていますが、その批判は妥当でしょうか。また、その批判を克服するようなビジネスは可能でしょうか？

あとがき

本書の執筆中に新型コロナウイルスが世界に蔓延し、世界中のビジネス環境が一変しました。この渦中にあって、戦略思考の意義を改めて考えずにはいられませんでした。

筆者は、これまでいくつもの大災害や世界的な不況を経験してきました。社会人になって間もない頃のバブル経済の崩壊、神戸の社会人大学院に通っていた1995年の阪神淡路大震災、2008年のリーマンショック、2011年の東日本大震災。それぞれから大きな影響を受けました。しかし、今回のコロナ禍は、世界規模で人と会うことが制限され、にぎわいの場が禁じられるという、ビジネスの根幹を揺るがす前代未聞の事態でした。局所的に一部の会社が傷むのではなく、世界中の多くの会社が軒並み被害を受け、その影響範囲の大きさにおいて別次元の災害でした。

市場競争を基本原理とするビジネスは、先んじている誰かに対する追いつけ追い越せの精神を行動の原動力にしています。企業価値が劣位にある会社は、自助努力で創意工夫をし、シェアの向上を目指します。優位な企業も安穏としてはいられず、競争相手との抜きつ抜かれつの競争になります。災害などでどこかに傷んでいる会社があっても、前を行く好調の会社があるからこそ、その会社をペースメーカーとしつつ、切磋琢磨することができます。

この前提は、需要はどこかには必ずあるというものです。しかし、今回のコロナ禍で一斉に需要が消滅したことで、この市場競争の前提が崩れました。市場とは、需要という土台に支えられた、

ビジネス活動の晴れ舞台だったのです。その舞台がなくなった今や、煙たい存在だった競争相手でさえ、同じ志でそれぞれの提供価値を工夫し合う共演者であり、仲間であったことに気づかされます。

本書を通じて示してきたように、戦略思考は戦略目標に応じたターゲット需要を選定し、その需要獲得のための優位なリソースを築いていく一連の仮説づくりです。しかし、一切の需要が消えた状況では、この思考ステップを進めることはできません。このような中で、戦略はどのように思考しうるのでしょうか。

まず指摘すべきことは、戦略を考えることのできない状況は確かにあるということです。将来の需要について、まったくの見通しが立たなければ、戦略を考えることはできません。それは認めざるをえないことです。どんな状況下でも戦略は考えうるものだというのは精神論にすぎるでしょう。むしろ、頭の中で作り上げた実体のない需要を前提として、形式的な「戦略」を記述することは厳しく避けなければいけません。戦略は、手品のようにどこからでも自在に出せるものではなく、リアルな世界の制約と自由な論理を絶妙のバランスで融合させた、一種の発明品なのです。

とはいえ、困難な環境下で手をこまねいていることはできません。需要が消え、キャッシュインが途絶えたからには、「財務基盤の確立」が急務になります。国の助成金獲得、資本増強、銀行からの借り入れ、支払い猶予の交渉などに多くの経営者は奔走しました。なんとか危機をしのいだ人もいれば、残念ながらビジネスから撤退せざるをえなかった人もいます。長年お客さんに愛された老舗の飲食店が、これをきっかけに廃業したという報道も多く見られました。

長期的な戦略は描けないとしても、喫緊の課題に向き合い、な
んとかキャッシュを確保して次の手を打ち、消費の復活を待つ。
そのためには、わずかではあっても、やはり将来への希望を持つ
必要があります。戦略は将来への希望ですから、戦略を描くこと
が不可能だと思われるときこそ、最もそれが求められているとき
ということができるでしょう。逆説的な表現ではありますが、絶
望的なときだからこそ、今を頑張るために将来の希望を持つ。戦
略を持つことの重要性が、これほどあらわになったこともなかっ
たと思います。

　この時期に、将来の希望をメディアを通じて積極的に語ってい
たのが、「星のや」などの宿泊施設を運営する星野リゾート代表
の星野佳路氏です。観光業ですから、今回のコロナショックは同
社の経営を直撃しました。国内でも人の移動が規制され、まして
や海外からの観光客が戻る見通しが立たない中、星野氏は2020
年3月末に18カ月計画を作成しました（『週刊ダイヤモンド』
2020/6/20）。コロナ禍の影響は1年半続くことを覚悟し、年間売
り上げが3〜4割減になっても生き延びることができるようにす
る計画です。戦略目標は「18か月間生き延びること」です。

　行動自粛が緩和され、需要が戻りつつある夏場の需要を取り込
めるかどうかで最初の勝負がつく。近場の国内旅行から需要が戻
るので、遠方からのお客さんから施設近隣のお客さんに客層が変
わる。したがって、初めて来るお客さんの需要をしっかり取り込
む必要がある。近場で非日常的な経験をしたいので、地元産の食
材よりも地元以外の世界各地の料理が求められるようになる。当
然ながらコストダウンは並行して進める。

　このような希望（見通し）が果たしてその通りになり、打ち手

が奏功するかは、だれにも分かりません。しかし、絶望的とも思われる状況の中で、この希望をもとに同社が活発に手を打っていることは間違いありません。需要が見通せず、戦略を考えることができない段階から、最低限の需要のありかを見つけ出し、それを手がかりにして新たな戦略を組み立てる段階にすばやくシフトする。それが緊急時に求められる戦略思考だと思います。

　では、星野氏のように、将来の戦略を考えられる人とそうでない人の差はなんでしょうか。

　それは知識の多寡や能力の差ではなく、考える意欲、考えるエネルギーを持っているかどうかの差だと思います。絶望的に思われる状況の中で、なんとか希望を探り当てたいというエネルギーのありなしです。

　考えること、行動することの意欲の源泉が、経済的利益の追求だけにある人は稀であることは第1章で記しました。数字がまったく見通せなくなったとき、儲けが見通せなくなったときに行動の支えになるもの。それは、自分の生きざまとして、手放すことのできないなにかです。

　もし、自分自身の満足を優先するなら、満足の基準を下げて「あきらめる」ことは容易です。そうではなく、他の人々を楽しませたい、助けたい、支えたいなど、意識の矛先が他の人に向かうときに、困難な中でもビジネスを考えるエネルギーが生まれるのではないでしょうか。それは、互いに支え合っている社会への愛着、会社の同僚やパートナーなど、周囲の人々に対する信頼に基づいているはずです。こういった根源的な思いが、戦略思考を動かすエネルギーになるのだと思います。

　このように考えると、コロナ禍を経験した私たちは、会計的な

戦略目標とともに、質的な目的・目標を今一度問い直すべきとき
を迎えているように思います。それは企業価値やROAのように
量的に表現できるものではなく、なにが善であるかの思想に類す
るものです。その思想は、今までも組織や個人の中にあったはず
ですが、需要が持続的に存在する（今となっては幸運だった）時代
にはそれほど意識せずにいられました。需要の脆弱性を知ってし
まった今や、型通りで借りものの理念ではなく、行動に向けた本
当の意欲をかきたてる源泉として、独自性を持った理念、ビジョ
ンが求められる時代になったといえるでしょう。

　その一方で、AI（人工知能）がけん引するビジネスの情報化、
機械化も待ったなしで進んでいきます。その中で、生身の体と心
を抱えた私たち人間は、コロナウイルスと共生しつつ、思考と行
動のレベルを上げていかなければいけません。そのようなときに、
希望の地図であるはずの戦略が、戦略目標という達成成果のハー
ドルのみを強調した、無味乾燥な利益追求マシンの設計図に陥っ
てしまうとしたら、これほど非人間的なことはありません。人間
らしく生きる社会のあり方を理念やビジョンとして掲げ、ビジネ
ス活動として実現する。その思いを現実の活動に変換する過程に
おいて、「戦略思考のしくみ」を役立てていただくことを願って
止みません。

　最後になりましたが、この大変な時期に、前著『ビジネスの文
法』のアップデート版を出したいという筆者の思いに応えていた
だいた萌書房の白石徳浩氏には、改めて感謝を申し上げます。

2020 年 8 月

杉田 英樹

人名・企業名・製品名索引

事項索引

■著者略歴

杉田英樹 (すぎた ひでき)

ゼータコンサルティング株式会社代表取締役。

一橋大学経済学部卒、神戸大学大学院経営学研究科博士課程前期課程修了。

1986年、株式会社ワコール入社。人事部および量販店担当営業部門を経験。

1994年に退社し、神戸大学大学院MBAコースに入学。

1995年より経営コンサルティングに従事。製品開発や新規事業開発などのプロジェクトを多数経験。

1997年より独立系コンサルティングファームの代表取締役に就任。

2006年にゼータコンサルティング株式会社設立、同社代表に就任。経営コンサルティング、経営幹部育成、新規事業開発およびアクションラーニングの指導などに従事。エネルギー、鉄道、鉄鋼、住宅設備、食品、アパレル、出版など、さまざまな業種のコンサルティングや研修講師経験を持つ。

著書に『企業における「成功する新規事業開発」育成マニュアル』共著・日本能率協会総合研究所(2005年)、『ビジネスの文法——会計、マーケティング、そして戦略』萌書房(2013年)、『大阪の逆襲』共著・青春出版社(2020年)など。

連絡先　info@zeta-consulting.jp

戦略思考のしくみ

2020年10月5日　初版第1刷発行

著　者　杉田英樹

発行者　白石徳浩

発行所　有限会社 萌書房
　　　　〒630-1242　奈良市大柳生町3619-1
　　　　TEL (0742) 93-2234 / FAX 93-2235
　　　　[URL] http://www3.kcn.ne.jp/~kizasu-s
　　　　振替　00940-7-53629

装　幀　内田雅之 (VOLTAGE graphic studio)

印刷・製本　共同印刷工業・藤沢製本

ISBN 978-4-86065-139-8